U0299248

新时代
营销
新理念

市场营销
二十讲

尹一丁◎著

TWENTY LECTURES ON
MARKETING

清华大学出版社
北京

图书在版编目(CIP)数据

市场营销二十讲 / 尹一丁著 . —北京：清华大学出版社，2023.6

（新时代·营销新理念）

ISBN 978-7-302-63246-7

Ⅰ.①市… Ⅱ.①尹… Ⅲ.①市场营销学 Ⅳ.① F713.50

中国国家版本馆 CIP 数据核字 (2023) 第 057946 号

责任编辑：朱晓瑞
封面设计：汉风唐韵
版式设计：方加青
责任校对：王凤芝
责任印制：宋　林

出版发行：清华大学出版社
　　　　　网　　　址：http://www.tup.com.cn，http://www.wqbook.com
　　　　　地　　　址：北京清华大学学研大厦 A 座　　　**邮　　编**：100084
　　　　　社 总 机：010-83470000　　　　　　　　　**邮　　购**：010-62786544
　　　　　投稿与读者服务：010-62776969，c-service@tup.tsinghua.edu.cn
　　　　　质 量 反 馈：010-62772015，zhiliang@tup.tsinghua.edu.cn
印 装 者：三河市东方印刷有限公司
经　　销：全国新华书店
开　　本：148mm×210mm　　　**印　　张**：7.25　　　**字　　数**：159 千字
版　　次：2023 年 8 月第 1 版　　　**印　　次**：2023 年 8 月第 1 次印刷
定　　价：68.00 元

产品编号：098945-01

前言
~~~~~~~~
重新理解市场营销

什么是市场营销？很多人认为就是做宣传、打广告、搞活动或推销。其实，这些都是市场营销的一些细节，根本不是市场营销的本来面目。那什么是市场营销？

市场营销就是真正"以客户为中心"，通过洞察客户需求，协同企业各职能部门，为正确的目标客户长期稳定地提供优质的价值，去解决他们的问题，并在这个过程中和客户建立互信共荣的紧密关系。

市场营销的本质不是获得客户，或者卖货给客户，而是为客户赋能，通过成就客户来实现企业自身的长期发展目标。"客户""需求"和"价值"是理解市场营销的关键词，即用优质的"价值"来满足"客户"的"需求"。显然，市场营销远远超出"推销""广告"和"传播"的范畴。

具体来讲，市场营销可以从三个层面来理解：首先，市场营销是一种"以客户为中心"的企业文化和管理哲学。其次，市场营销代表一系列驱动企业业绩增长的战略，如企业、产品和品牌的定位，创新模式，市场的细分和目标市场的选择，以及各部门如何协同等。最后，市场营销是具体的战术操作，也就是广为人知的市场营销"4P",即产品(product)、渠道(place)、推广(promotion)和价格(price)。进入数字化时代,市场营销还要多一个"P",也就是客户关系(people),这样"4P"便成了"5P"。

很多人对市场营销有误解,这并不奇怪。

第一,这个概念的翻译并不恰当。市场营销的英文原词是marketing,其实就是"市场学",并没有"营销"的含义。"市场"就是"客户"。市场营销其实应该被翻译成"市场学"或"客户学",这样才能够准确地反映出它时刻专注客户这一内涵。

第二,市场营销兴盛于工业化时代。在那个时代,企业聚焦大规模生产制造和效率,它的底层商业逻辑不是"以客户为中心",而是"以企业为中心",或"以产品为中心"。因此,市场营销会强调通过传播和推广来大规模获得客户,然后尽可能快速地把货卖出去。在数字化时代,这种市场营销理念显然已经过时,但因为它流行的时间太久,人们已经形成了固有观念,改变起来并不容易。

其实,进入数字化时代以后,就是上述的理解也不完全准确。客户需要的不再是标准化而且相互割裂的"4P",而是一种贯穿整个消费旅程的无缝优质体验。事实上,"5P"的框架本身就是基于"以企业为中心"的逻辑。取而代之的应该是"以客户为中心"的5个"E",即体验(experience)、情感(emotion)、互动(engagement)、个性化(exclusivity)和引领(enlightenment)。

树立一个正确的市场营销观念非常有必要。市场营销职能对企业的生存和发展都至关重要,在"客户驱动"的数字化时代尤其如此。作为最贴近客户的部门，市场营销部门可以真正感知客户的喜怒哀乐，透彻地了解他们的痛点和需求。企业也只有在市场营销部门的指引下，才能够在正确的场景下给正确的客户提供正确的价值。可以说，市场营销的好坏直接决定企业的成败。随着数字化时代的发展，市场营销部门将日益成为企业的决策中枢，牵引其他部门，对准客户需求，同心同德，紧密协作，共同为客户提供最佳的体验和服务。

在这个大变革的时代，对于我国企业而言，深刻理解并掌握正确的市场营销理念尤为关键。经过四十多年改革开放的艰苦奋斗，我国已经成为全球第二大经济体。但要想实现中华民族的伟大复兴，我们需要在各行各业都有一批具有全球竞争力的企业。这样才能在这个激动人心的"大航海时代"，在全球市场上建功立业，引领潮流。

一个无法回避的事实是，我们有很多企业在管理水平上还亟待提高。还有不少企业迫于市场压力，过于急功近利，并没有真心以客户为中心，勇于创新，而是以自我为中心，成为机会主义者，导致无法做大做强。希望这本书能够帮助这些企业更好地理解市场营销以及商业的本质，真正从客户的福祉出发，不断自立自强，提升技术能力和管理水平，逐步成长为放眼天下的全球型企业。

当然市场营销并不只是对企业很重要，还和我们每个人都息息相关。市场营销正成为企业的核心战略部门，并逐渐融入各个职能部门。因此，无论你是在运营、研发、生产部门，还是在人力和财务部门，都必须深入了解市场营销的理论和实践。另外，从广义上说，我们每个人都是一个"产品"，需要在人才"市场"

上找到最能够发挥自身优势的位置，这样才能实现自己的价值，成就人生的理想。而且，随着新媒体和新技术的发展，每个人都可以成为市场营销专家，每个人也应该成为市场营销专家。因此，市场营销正成为一门每个人都需要了解的学科。

市场营销除了具有重要性，它还是一门很有趣的学科。市场营销变化很快，且和科技与时代的进步结合得非常紧密，永远处在商业时代的前沿。市场营销的内容也非常丰富，涵盖了心理学、社会学、经济学、科技发展、数据分析、创意和沟通等，能够最大限度地满足人们的好奇心和求知欲。当然，市场营销也极具挑战性。在实践中，市场营销人员不但需要跨学科、跨部门，还可能要跨企业，甚至跨行业，才能有效完成既定目标。

因此，在数字化时代，市场营销领域需要的是智商和情商兼备，理解创意和数据，知识面广阔，同时对终身学习充满热爱的复合型人才。可以预见的是，今后越来越多的企业领导人会有市场营销的背景。这些内外兼修的高水平管理人才将谱写出 21 世纪最为精彩的商业篇章。

帮助企业成功，促进个人成长，就是我写这本书的目的。希望你们能够从这本书中获得有益的启示，也希望你们和我一样，对这个领域充满激情和热爱！

尹一丁

2022 年 11 月于英国剑桥

目录

第一讲

什么是市场营销？

"现代管理学之父"彼得·德鲁克（Peter Drucker）说过："企业只有两个基本职能，那就是市场营销和创新。"由此可见，市场营销是多么重要！

◉ 市场营销的概念很混乱

很多人对市场营销这个概念都不陌生，也可能做了多年的市场营销工作，但不一定能讲清楚什么是市场营销。有人统计过，市场营销在市面上至少有七十二种定义，可见对这个概念的理解是多么混乱。如果连市场营销的定义都讲不清楚，那么对它的职能自然无法给出一个清晰的定义，企业在具体应用市场营销的时候也很难达到最佳效果。

那么到底什么是市场营销呢？

一般人会把市场营销等同于销售或广告宣传。这其实是对市场营销最大的误解。彼得·德鲁克说过："市场营销比销售的概念要广很多。事实上，市场营销都不能视为一个单独的职能部门，它应该贯通整个组织。"这样看来，市场营销不仅不是销售，销售反倒应该是市场营销下属的一个职能，而广告宣传就更加无法代表市场营销。

◉ 误解市场营销的原因

为什么会产生这些误解呢？这是因为市场营销是一个工业化时代早期提出来的概念。在当时，企业专注于生产制造，市场营销确实就是销售产品和传播信息。但是，时代在不断进步，尤其是进入"客户驱动"的数字化时代后，客户的权力越来越大，市场竞争也变得更加激烈。为了更好地满足客户需求，市场营销就逐渐承担了更多的职能。但是大众的观念仍然停留在工业化时代，没有与时俱进。

当然，除了工业化时代旧观念的延续，还有一个因素阻碍了人们对市场营销的正确理解，那就是翻译。市场营销这个词的中文翻译并不准确，客观上造成了大家对它的长期误解。在中文里，市场营销这个词强调的是"营销"，对应的英文词是"selling"。但其实市场营销的英文词是"marketing"，也就是英文"market"（市场）这个词的动词化。

那么什么是"市场"呢？简单而言，就是客户。因此，市场营销更恰当的翻译应该是"市场学"或"客户学"，根本不应该有"营销"这两个字。这样看来，市场营销就是"服务市场"或"服务客户"的企业职能。很显然，销售和广告只是"服务客户"这一复杂企业行为中的一小部分而已。

◉ 市场营销首先是一种经营哲学

我们怎样准确理解市场营销呢？要从文化、战略和战术三个维度上综合来看。也就是说，市场营销是一种管理哲学，也是一种企业战略，还是一系列满足客户需求的战术操作。

从管理哲学（philosophy）的层面来看市场营销，它代表一种特定的企业文化。这种企业文化的核心理念就是"以客户为中心"，也就是把全心全意为客户服务作为企业存在的唯一理由。华为、亚马逊、赛富时（Salesforce）、丽思卡尔顿酒店等企业都秉承这样的理念，从而在各自的领域获得了卓越的成功。亚马逊更是明确地声称，要让自己成为"地球上最以客户为中心的企业"（earth's most customer-centric company）。

这其实很不容易。工业化时代的企业强调的是大规模生产、效率、成本和销售，聚焦股东利益最大化，都具有"以自我为中心"的基因。服务客户只不过是企业实现自身盈利目标的手段而已。因此，当自身利益和客户利益发生冲突的时候，无论企业口头上多么高喊"客户至上"，在行动上企业一定会牺牲客户来保护自己。

进入"客户驱动"的数字化时代后，企业必须完成从"以自我为中心"到"以客户为中心"的转变，真心关注客户利益，否则迟早会被客户放弃。因此，市场营销本质上是一种客户导向的企业文化。

◎ 市场营销作为企业战略

市场营销是一种企业战略（strategy）。这个战略的核心就是以最优的方式来满足客户需求，从而和客户建立长期良性的紧密关系。客户需要的是解决他们问题的最佳"方案"和"价值"。因此，市场营销战略关注的是，如何高效利用企业资源，长期稳定地向目标客户交付优质的，甚至是"超预期"的"方案"和

"价值",从而形成大批忠诚客户。从本质上说,市场营销战略就是向目标客户提供正确解决方案的"价值战略"。

具体来讲,市场营销有三个核心内容:

第一,确定正确的目标客户。这里面就包括市场细分(market segmentation)、目标客户选择(targeting)和市场综合分析,即所谓的"5C分析"——客户分析(customer analysis)、竞争对手分析(competitor analysis)、公司分析(company analysis)、合作者分析(collaborator analysis)和环境分析(context analysis)。

第二,确定符合目标客户需求的"客户价值主张"(CVP,customer value proposition)。

第三,确定产品和品牌的定位(product and brand positioning)。这里面包含了产品的品类定位、产品的品牌定位,还有企业品牌的定位,例如公司的信仰、使命、愿景和价值观等。

◎ 市场营销是战术操作

市场营销是一系列满足内部和外部客户需求的战术操作(tactics)。

在工业化时代,对外,这一系列战术操作就是很多人耳熟能详的所谓"5P",即产品(product)、渠道(place)、推广(promotion)、价格(price)和客户关系(people)。这5个"P"就是客户价值的具体表现方式。也就是说,企业使用这些价值元素,把企业向客户提供的价值具体呈现出来,让客户直接感受到。对内,市场营销需要采取具体手段在公司内部实施"内部营销"(internal marketing),如培训、宣讲和分发材料等。

很显然,这个在战术层面的"5P"营销框架,其实是基于

"以企业为中心"和"以产品为中心"的逻辑,而非"以客户为中心"。因此,进入数字化时代以后,这个"5P"框架就越来越跟不上时代了。

这是因为在数字化时代客户价值的具体表现形式已不再是产品、价格、渠道和推广这些相互割裂的价值载体,而是覆盖客户总体旅程和生命周期的总体体验,尤其是数字化体验。在这种情况下,客户价值开始从产品向服务和体验转化。这些年来涌现出的新品类,如"软件即服务"(SaaS)和"平台即服务"(PaaS)反映出来的就是这种"从产品到服务"或"从产品到体验"的大趋势。

◎ 市场营销的定义

综合了文化、战略和战术三个层面,我们就可以给市场营销下一个较为全面客观的定义:"市场营销就是确保企业时刻对准客户需求来创造、传播和交付价值,以满足客户在整体生命周期中的总体需求,从而构建起企业和客户之间长期互利关系的一系列企业行为和组织职能。"

也就是说,市场营销就是帮助企业更好地服务客户需求的企业行为和职能。市场营销的目标是通过满足客户需求,构建起企业和客户之间长期互利的良性关系,从而帮助企业和客户实现共同成长,达到一种共生共赢的状态。

具体来讲,市场营销工作包括五个主要内容,即洞察需求、激活需求、满足需求、维护需求和创造需求。这就是"市场营销价值链"(marketing value chain)。

洞察需求是为了"定义价值",对应的市场营销职能是市场和客户调研；激活需求是"传播价值"，对应"5P"中的促销（promotion）和获取客户；满足需求是"创造和交付价值"，对应"5P"中的产品（product）、渠道（place）和价格（price）；维护需求是"升华价值"，对应品牌建设和第五个"P"，也就是客户关系（people）；创造需求是"重塑价值"，对应颠覆性或显著性创新，用来引领客户，创造出新市场或开拓蓝海（见图 1-1）。在竞争日益激烈的今天，创造新市场越来越成为企业市场营销部的一项主要工作。

图 1-1　市场营销价值链

◘　市场营销的四个核心职能

理解了市场营销的定义，就可以定义企业市场营销部的具体职能。

在工业化时代，市场营销部主要做"战术"层面的事，例如"4Ps"。其实，很多企业的市场营销部只是从事其中的两个"P"，也就是推广（promotion）和渠道（place）。具体来讲，就是通过新旧媒体做宣传，搞公关和办活动来获取客户，以及进行渠道管理。

在有些企业，市场营销部会从事更多的工作，例如，系统地进行市场调研来获得客户洞察和行业洞察，并把这些洞察反馈到产品开发（product）、价格制定（price）和客户关系（people）的职能里，间接地参与这三个"P"的管理。

当然，在营销理念更为成熟的企业里，市场营销部还会进行行业定位、市场的细分、目标市场的选择和品牌的定位等战略层面的工作。但是，如果企业想让市场营销部发挥更大的作用，市场营销部还需要承载"经营哲学"层面的工作，例如，建立"以客户为中心"的文化和打造企业品牌等。在这个层面，市场营销部应该和企业战略部紧密配合，共同确定企业发展的大方向。

进入数字化时代以后，市场营销部作为企业和客户的桥梁和交互界面，不但要从事前面说到的"经营哲学""战略"和"战术"层面的工作，还要整合销售部、运营部和研发部等核心部门，有效管理市场营销价值链的全过程，更要按照客户需求，协同并牵引财务、人力、技术和法务等对内职能部门，共同服务客户。在这个阶段，市场营销部就会成为整个企业运营和决策的中心，像神经中枢一样驱动企业业绩的增长。

简单来讲，一个高效的市场营销部至少要具备四个基本职能，即客户洞察、战略制定、获客留客和部门协同。

虽然绝大部分企业还没有发展到这个阶段，但是随着企业数字化转型的完成，市场营销部正在实现彼得·德鲁克多年前的愿景，即从工业化时代的辅助部门转变为数字化时代贯穿企业方方面面的核心部门。在这个阶段的企业，就成为真正的"客户驱动型企业"，具有进入所谓 C2B（customer-to-business，消费者到企业）模式的能力。

与此同时，市场营销部自然而然地变成企业中工作内容最复杂、跨度最大、难度也最高的部门，这就是为什么在数字化时代真正合格的市场营销人才是如此匮乏。

⊙ 市场营销的四个趋势

即便如此，市场营销也远远没有发展到最高境界。市场营销会随着科技的发展不断地进化。下面讨论的四大趋势将深刻影响市场营销的理念和实践。

第一，超个性化。

随着营销云、营销数据中台和营销自动化技术的发展，企业可以利用大数据、人工智能和营销机器人向单个客户提供完全个性化的内容、产品和服务，真正做到单个客户成为一个细分市场（segment of one）。为了做到这点，企业将为每个客户构建一个量身定制的个人化商业系统（personalized ecosystem）。在超个性化时代，企业真正可以为客户提供高度精准的价值，不但做到"千人千面"，而且可以做到基于场景需求的"一人千面"。

第二，沉浸式全景体验。

在万物互联、虚拟现实和可穿戴设备等技术的支持下，品牌可以深度嵌入客户日常生活的全场景，并向他们提供沉浸式全景体验。在这种情况下，消费、娱乐和社交等生活的方方面面逐渐融为一体。事实上，很多企业很早就开始探索这个领域。例如，奔驰公司早在 2010 年就开发出虚拟试驾技术。现在非常火爆的元宇宙，在不久的将来也会把客户沉浸式全景体验带到一个无法想象的高度。

第三，人机智能交互。

在不远的将来，大量在人工智能驱动下的真实机器人和数字机器人将直接参与到服务客户的全过程中。这些机器人将具有无与伦比的智商和情商，能够即时满足客户在不同场景下的各种需求，成为他们生活中的亲密伙伴和顾问，甚至导师。这两年发展很快的智能虚拟人，例如 IBM 基于沃森（Watson）人工智能平台的灵魂机器（soul machine）和阿里巴巴的智能客服机器人"店小蜜""云小蜜"等都是这一领域的先行者。

在人机智能互动过程中，声音交互将成为主流。同时，品牌和客户关系也将深度情感化，品牌商和客户之间将变得更加亲密。市场营销也将彻底告别"5P"而进入"5E"时代，即体验（experience）、情感（emotion）、互动（engagement）、个性化（exclusivity）和引领（enlightenment）。品牌也将对客户产生前所未有的巨大影响力。智能决策系统，如亚马逊 Alexa 和谷歌 Home 等会帮助客户做出生活中的几乎所有决策，而这也同时决定了其他品牌的命运。

第四，品牌意义化。

从千禧世代（Millennials）和 Z 世代（Gen Z）年轻人的消费观可以看出，今后的消费者会对企业的社会责任、理想和愿景更加关注。因为当品牌深度嵌入并影响他们的生活时，这些消费者需要品牌超越单纯的商业属性，具有更深刻的内涵。也就是说，品牌要能在思想和精神层面与消费者产生共鸣。因此，企业和品牌的信仰和价值观将变得更加重要。企业不能只是产品和服务的生产者，还要成为意义的提供者。

这些大趋势都会给市场营销的理念和实践带来翻天覆地的变化。不但如此，企业自身也必须进行深度变革。但无论怎么变，市场营销的基本逻辑不变，用彼得·德鲁克的话说，就是"从客户的角度看待商业经营的方方面面"，而且把服务客户作为企业存在的唯一理由，真心为客户长期地创造优质的价值。这就是市场营销永恒不变的真谛。

为什么需要市场营销战略?

企业要想做好市场营销,首先要清楚地定义市场营销的目标,然后要明白实现这个目标需要采取的步骤。这样才能把企业所有的资源聚焦在一个核心方向,进而实现突破。关乎市场营销的目标和行动方案就是市场营销战略。

市场营销战略对一个企业很重要。市场营销战略可以确保企业的所有行为都对准客户需求。这在客户驱动的数字化时代尤为重要。再者,市场营销战略可以让企业的决策和行为更加规范。所谓"不以规矩,不能成方圆",科学化的市场营销管理会让这个核心职能发挥更大的作用。

同时,企业还可以依此建立相应的战略规划能力和体系,让市场营销管理有章可循。这样就可以对市场营销管理不断进行优化,从而让成功具有可复制性。在当今飞速变化的时代,企业还跟着感觉走根本行不通,系统地进行市场营销战略的制定和执行是实现可持续增长的唯一路径。

◎ 对市场营销战略的两个误解

虽然市场营销战略如此重要,但是很多企业对市场营销战略

有两个常见的误解：

第一，把营销战术理解成营销战略。

其实，企业平时讨论的大多不是市场营销战略，而是营销战术。例如，针对销售、推广、品牌、促销、客户关系、渠道等方面的具体方法和技巧。

作为市场营销战略，至少要引入主流的 STP 战略框架，也就是市场细分（segmentation）、目标市场选择（targeting）和市场定位（positioning）。要真正称得上"市场营销战略"，市场营销的目标和行动方案必须和企业的宏观战略深度整合，对企业的业绩增长起作用。

因此，真正的市场营销战略必须立足于全公司层面，而不只是市场营销部门层面。市场营销战略应该影响到企业的方方面面，也需要企业所有部门和员工的积极参与。很明显，在不少企业，对 STP 战略框架的运用只是市场营销部的事，还远远没有上升到全公司层面。

错把战术当战略会给企业带来一系列问题。例如，在战术层面用力往往只看短期效果，"头痛医头，脚痛医脚"，不能从根本上解决企业长期健康发展的问题。另外，战术层面的操作很容易跟风，被一时出现的机会牵着鼻子走，很难形成一个具有自身特色的核心能力，变成了"万金油"，似乎样样都行，却没有独特优势，发展完全依赖运气。

只在战术层面用力，业绩也会很不稳定。例如很多企业打价格战，业绩可能很快就显著增长。但价格恢复后，客户也很快流失，让销售部门疲于奔命，难以形成长期稳定的客户群。因此，企业必须把市场营销提升到战略层面。

　　市场上对营销战略的另一种误解对企业的损害更大，那就是认为市场营销战略为企业服务，其目的就是多卖产品，完成企业的销售目标。这样的市场营销战略就变得完全"以企业为中心"或"以产品为中心"。这种导向的战略好像合情合理，其实是自毁内力的"伪市场营销战略"，可能直接导致企业的失败。

　　例如，柯达、诺基亚这样的全球大企业都曾称霸天下。但长期的成功让企业变得故步自封，以自我为中心，而不再聚焦客户需求。这种错误的导向直接造成企业在产品研发大方向上的误判。因此，柯达错过了影像数字化崛起的机遇，而诺基亚和智能手机时代失之交臂，最后都在市场上一败涂地。

　　苹果似乎是一个异类。因为乔布斯说过："不要去问消费者需要什么，因为他们自己也不知道。"这好像是说苹果即使以自我为中心，也能非常成功。其实，这是对乔布斯的误读。和其他创新型企业不同的是，苹果是一个品类创新者。因此，乔布斯的本意，如果开创一个新品类，企业是无法从消费者那里直接获得答案的。乔布斯只是不去问客户需要什么，而绝不是不关注客户需求。事实上苹果极度关注客户需求，一向从客户体验出发来开发和产品，这才是苹果成功的关键。

　　显而易见，市场营销战略不是为了企业自身的私利，而是为客户充分赋能，帮助客户实现目标。在这个"立己先立人"的过程中，企业也成就了自己。

　　破除了对市场营销战略的误解，下一个需要探讨的问题是：什么是真正的市场营销战略？

◎　市场营销战略的定义

首先，市场是什么？市场不是一个抽象的概念，市场就是"人"，就是客户。因此，市场营销战略就是为这些"客户"创造价值的战略。市场营销的核心目标就是确保企业的价值创造和交付完全聚焦客户需求，并能够最大限度地满足客户需求，从而实现企业业绩的持续稳定增长。具体而言，市场营销就是围绕满足客户需求而实施的一系列企业行为，如价值定义、价值创造、价值传播和价值交付等，而这些企业行为以客户需求为起点和终点，形成一个闭环。

市场营销战略这个词中的"市场"二字最为关键，千万不能省略。但在日常工作中，大多数人惯于用"营销战略"这个简称，直接造成了对这个重要概念的误解。准确的简称应该是"市场战略"而非"营销战略"。其实，更准确的简称应该是"客户战略"，因为市场就是客户。

因此，真正的市场营销战略应该且必须是"以人为本"或"以客户为中心"，而不是"以我为本"或"以企业为中心"。判断一个企业市场营销战略的优劣，就看它是否真正以客户为中心，它的起点和动机是否想更好地解决客户的问题。"以客户为导向"的价值创造和交付就是市场营销战略的本质所在。

◎　市场营销战略的三个层次

具体来讲，市场营销战略有三个层次：

在企业层面，市场营销战略是"以客户为中心"的管理理念和哲学。例如，亚马逊就把"成为地球上最以客户为中心的企业"（we aim to be Earth's most customer centric company）作为自己的最高战略。而华为也坚信:"企业存在的唯一理由和目的就是服务客户。"因此,一个企业必须把"成为客户价值提供和服务的最优秀企业"作为自身最高的战略目标。在数字化智能化时代,这其实应该是所有企业共同的战略目标。从这个意义上讲,企业的最高战略就是市场营销战略,两者完全重合。

在业务层面,市场营销战略是在某个特定行业和市场,通过行业分析和市场细分等手段确认目标客户群,并以这些客户的需求为基础,定义、创造和交付优于竞争对手的独特客户价值。严格意义上讲,在业务层面的市场营销战略被称为市场营销的"策略"才更贴切。

在团队层面,市场营销战略就是上述业务流程中某个环节落地的一系列战术操作,如获取客户、设定价格、产品开发、促销、广告宣传、公共关系和渠道管理等。市场营销也可以视为客户价值主张的具体呈现方式。这个层面的市场营销应该称为市场营销战术。

很明显,这三个层次的市场营销战略都围绕客户需求展开(见图2-1)。

图 2-1 市场营销战略的三个层次

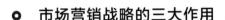

◘ 市场营销战略的三大作用

市场营销战略对企业非常关键，它关乎企业的生存和发展。

第一，市场营销战略能确保企业的发展一直聚焦客户需求，不做无用功。

企业作为一个获取利润的组织，存在的唯一理由和目的就是服务客户。聚焦客户需求的企业会繁荣，偏离客户需求的企业会衰落。市场运行规则就这么简单。真正的市场营销战略一定是把"成为向客户提供最优价值的企业"作为自己最高的战略。例如亚马逊和华为。华为的核心价值观就是"以客户为中心，以奋斗者为本"。从这个角度看，市场营销战略的最大价值就是确保企业时刻聚焦客户需求，避免以我为尊，或者跟着感觉走。

第二，市场营销战略能够帮助企业更好地构建核心能力。

商业竞争的关键就是差异化的核心能力。没有核心能力的企业很难生存下去。不同的企业的核心能力差异很大。例如，小米的核心能力是高性价比，华为是客户驱动的高端研发，苹果是品牌和系统整合。一般来说，企业都是从自身出发，看看自己有什么独特能力或资源，然后决定去做什么事。但对于一个真正"以客户为中心"的企业来说，它的核心能力应该按照客户需求来构建和强化，也就是"客户需要我们做什么事，我们就去建立这种能力"。而且，组织能力会随着客户需求的变化不断变化。这将是客户驱动企业（C2B，customer-to-business）的运作常态。

事实上，只有聚焦客户需求而构建的能力才是真正的核心能力（core competence）。这种能力才能保证"以客户为中心"的各项战略能够被高效实施，从而在目标市场形成显著的竞争优势（competitive advantage）。这也就是"华为之道"。例如，2005 年，华为刚进入欧洲市场时，沃达丰西班牙（Vodafone Spain）无法解决高速铁路的信号覆盖问题。该企业原有的供应商需要两年时间才能拿出方案。无奈之下，该企业找到了华为。当时华为也没有这个技术能力，但华为马上调集精兵强将，组建了一百多人的团队加班加点进行攻关，三个月内就实现了技术突破，给客户提供了完美的解决方案，从而打开了欧洲市场的大门。

第三，市场营销战略能帮助企业形成内部共识，凝聚力量，最大限度地激活企业。

企业发展得不好，一个很重要的原因就是各个部门目标不同，各自为政，没有拧成一股绳。真正的市场营销战略高度聚焦客户需求，给客户提供最好的服务，这样的战略就能够打破部门墙，像黏合剂，让企业做到"上下同欲，左右对齐"。"上下同欲"是指领导和基层目标一致，"左右对齐"是指各部门之间能够有效协作，步调一致。一旦这样，企业就会迸发出极强的凝聚力和战斗力。

对于一个企业来说，尽管市场营销战略好像只是企业战略的一部分，但实际上，企业其他战略都必须被市场营销战略驱动。如果企业战略是一部车，市场营销战略就是它的发动机。市场营销战略是企业战略的核心和灵魂。可以说，没有什么战略比市场营销战略更重要。有这种意识的企业就是真正"以客户为中心"的企业，也只有这样的企业才能在数字化时代中立于不败之地。

其实，市场营销战略思维不仅对企业重要，对个人来讲也很重要。我们每个人都是一个"产品"，具有自己的核心能力，为这个世界贡献着自己的价值。用市场营销的概念讲，我们每个人代表的是一种特定的"客户价值主张"。

　　一个人要想在职场上成功，就需要清晰洞察人力市场的需求，并在自身的核心能力和市场需求之间找到契合，从而形成自身独特的"客户价值主张"，积累自己的核心竞争力，然后才能在市场上脱颖而出。从这点上讲，市场营销战略更是一种思维能力。这种思维能力的核心，就是从客户的角度看问题，聚焦客户需求，全力打造自身的核心能力，即市场需要什么能力就塑造什么能力。例如，人工智能和大数据正深刻改变着所有行业。一个人的数据能力就成为人力市场的刚需。为了在这个时代找到成功的快车道，每个人就需要好好学编程或数据分析方面的课程。

　　同时，市场营销战略思维还要求一个人从全局而非局部来看问题，从长远角度来抓机会。当然，成功需要战略聚焦，对于自己面临的问题和挑战，要看清轻重缓急，集中优势兵力打"歼灭战"。这样才能扬长避短，把自己的优势发挥到极致。

　　总之，无论对企业还是个人，"以客户为中心"，"聚焦客户需求"来构建自身核心能力就是市场营销战略带来的最大价值。因此，合理的市场营销战略对于企业和个人的长期健康发展都至关重要。

第三讲

如何做好市场营销战略规划？

市场营销战略对一个企业的成败至关重要。那么企业如何制定市场营销战略呢？通过市场营销的战略规划。所谓战略规划，就是制定市场营销战略的过程和方法。

● 战略规划的三个作用

战略规划做得好，对企业有三个明显的好处：

第一，保证战略的规范化。

战略不能靠拍脑袋空想，而需要一套规范的方法。就像工厂生产高质量的产品需要一套稳定的生产线一样，战略规划就是市场营销战略的"生产线"。很多企业领导比较强势，凭感觉制定战略，没什么依据。但是随着市场更加成熟，竞争也会日益激烈，这种粗放的"游击队打法"已经越来越无法适应新时代的竞争。

第二，帮助企业进行科学化管理。

很多企业无法长久，是因为缺乏科学化的管理。过去国内市场发展快，机会多，企业没必要也没时间去建立这种能力。但外部环境一旦出现动荡，公司内部就会乱作一团。华为的发展壮大，一个很重要的原因就是华为深入学习了 IBM 的科学化管理。这个过程历时 5 年，花费超过 20 亿人民币。直到今天，华为的战略规划采用的还是 IBM 的"业务领先规划模型"（BLM，business leadership model）。

第三，促使企业形成战略洞察。

战略洞察帮助企业深刻了解客户需求，预判竞争对手的战略举措，还能让企业看清行业发展的大方向，从而选择正确的赛道和提供高效的客户价值。这些洞察其实比战略更重要，直接决定企业的兴衰。其实，就算整个规划最后形成不了一个可行的战略，只要企业通过这个规划过程实现了对上述业务要素的深入洞察，规划的目标就达成了。

◎ 市场营销战略的四个核心问题

可惜的是，战略规划是国内企业普遍比较弱的环节。要想在后疫情时代生存和发展，这些企业需要尽快补齐这个短板。那么怎么做市场营销战略规划呢？首先要明确战略规划的目标。市场营销战略的目标就是"更好地满足客户需求"。要想实现这个目标，企业必须回答以下四个问题：

1. 企业要满足哪些需求？

2. 企业要满足谁的这种需求？

3. 企业打算提供哪些价值主张来满足这种需求？

4. 企业通过哪些具体方式让客户感知到这个价值主张？

◎ 市场营销战略规划的四个步骤

企业做市场营销战略规划，其实就是对上述四个问题进行回答。一般而言，市场营销战略规划有四个步骤：

第一步，"市场洞察"（5C），也就是看"要满足哪些需求"。

第二步，"客户选择"，也就是确定"客户是谁"。

第三步，"客户价值主张"设计，也就是选择"需要提供哪些价值主张"。

第四步，"市场营销组合"设计，也就是"5P"，是价值主张的具体表现形式。

下面进一步阐述这四个步骤的具体运用。

第一步，"市场洞察"（5C）。

前面说过，市场就是客户。客户需求既是市场营销战略规划的起点，也是终点。这就是所谓的"端到端"（从"客户端"再回到"客户端"，而不是从"企业端"到"客户端"）。因此，市场营销战略规划的第一步就要做"市场洞察"。所谓洞察，就是一个企业对某个客户需求、行为和商业现象产生的独特而深刻的理解。洞察一般是竞争对手无法看到的东西。洞察不是一个神秘的东西，它是一种组织能力。企业可以基于对一个行业的深耕，通过日积月累的实践，逐渐建立起组织能力。

市场洞察包含五个内容，即"5C"：客户（customer）、环境和行业（context）、竞争对手（competitor）、合作伙伴（collaborator）和自身（company）。这也就是前面说过的市场综合分析。

市场洞察首先要进行"客户洞察"。这是市场洞察中最重要的环节。客户洞察一般需要了解客户当下和将来需要解决什么问题，有什么诉求，目前及将来会有什么痛点，需要什么解决方案等。最好的客户洞察要能看到客户潜在和隐形的需求。这样往往会在市场竞争中获得先机。例如，苹果公司在 2000 年的崛起就是基于对数字化音乐和个性化音乐逐渐成为主流需求的洞察，成功开发了风靡全球的 iPod。

"行业和环境洞察"是看准行业和市场发展的大趋势。拼多多就是在别人都认为网购行业已经饱和的情况下，看到巨大的下沉市场，才有了后来的成绩。"竞争对手洞察"是对竞争对手的预判。例如美国比萨饼企业棒！约翰（Papa Johns）在 20 世纪 90 年代的异军突起，就是预判到市场上两大巨头必胜客和达美乐不会与它推出的健康比萨产品进行竞争，才斥巨资进行全国扩张并取得成功。

"合作伙伴洞察"指能看到最适合协同的合作伙伴。华为手机之所以最初决定以照相功能突破苹果、三星的两强封锁，是因为看到了德国的徕卡和自己的技术非常契合。两者一拍即合，后来也证明这是一个经典的双赢合作。

"自身洞察"就是要看到自己独特的组织能力和弱点，以便在满足用户需求时避免劣势、发挥优势。

获取"市场洞察"后，下一步就是做基于"市场洞察"，尤其是"客户洞察"的"业务设计"。业务设计一般包括以下几个方面，如客户选择、价值主张、价值获取 / 商业模式、活动范围、战略控制和风险管控等。从市场营销战略规划角度来看，应更专注于"客户选择"和"价值主张"。但从整体业务角度来看，战略规划还要覆盖其他几个方面。

第二步，"客户选择"。

市场上的客户千差万别，任何一个企业都无法服务所有客户。因此，企业必须选择正确的客户群。"客户选择"包含两个步骤，市场细分（market segmentation）和目标市场选择（target market selection）。市场细分就是基于对客户的洞察，把客户按照需求类别、偏好、行业类型、支付能力和收入等维度进行分类，然后把核心维度类似的客户放在一起。这样，整个市场就被划分成不同的群体或"细分市场"。

目标市场选择是按照不同类别客户群的特性，从中选择出一个或几个关键群体进行聚焦，也就是锁定目标市场。目标市场的选择主要取决于特定细分市场的需求类型和企业核心能力的"契合度"。例如，OPPO 和 vivo 都主打性价比，它们的目标客户就是对价格比较敏感的年轻人。沃尔沃汽车公司的核心能力是生产安全性能强的汽车，它的目标客户就是对"安全"性能诉求最敏感的人群，例如有孩子和老人的家庭。

聚焦一个具有"高契合"的细分市场，不仅可以满足客户需求，还能形成和竞争对手的差异。例如 OPPO 和 vivo 聚焦追求高性价比的年轻人，在性价比上追求极致，同时广布渠道，在这个特定的细分市场，它们的市场表现超越华为。华为聚焦的是高端商务以及比较崇尚技术的群体。在这一细分市场上，华为的技术优势得到充分发挥，且具备了明显优势，可以同苹果和三星抗衡。

当然，除了这个"契合度"，其他因素如总体市场潜力、竞争程度、打入和维护成本、竞争壁垒等也是选择目标市场的重要考量。对于 B 端用户，"客户选择"需要考虑的方面就更多了，如财务和信用状况、战略匹配度等。总体而言，企业只能选择那些与企业的产品和服务、能力相匹配，同时支付能力强、信用好的客户。

第三步，"客户价值主张"设计。

找到"客户"之后，战略规划就要针对目标客户的"价值主张"进行设计，也就是企业要决定为客户提供什么样的"价值主张"来解决他们的问题。

"客户价值主张"，简单来讲，就是企业为了解决客户的问题，向他们提供的一系列价值点或效能点，例如便利、速度和节能等。

能够成为"客户价值主张"的效能点，必须是从"客户"的角度来定义的价值。很多以"产品为导向"或"以自我为导向"的企业，在设计"价值主张"的时候，往往会设计出让自己的销售和盈利最大化的"价值主张"，而非能给客户带来最大利益的"客户价值"。这样的"价值主张"难以真正满足客户需求。

因此，"客户价值主张"设计的关键是"从客户出发"，从客户的角度来看待问题，而不能从自己的角度出发。设计"价值主张"的着眼点只有一个，就是客户需求，而不是公司的财务诉求。

那怎么设计"客户价值主张"呢？首先要深入理解目标客户需要解决的问题，然后确定能够解决这个问题的核心价值点。例如，如果客户的主要问题是"行车安全"，那么这个核心价值点就是"安全"。确定了核心价值点后，再围绕核心价值点设计出其他客户关注的效能，如速度、舒适度和经济性等。

另外，"价值主张"不是单纯的产品和服务设计。它其实是以产品为主体而交付给客户的总体价值感知，如高效率（产品和服务）、经济性（价格）、便利性（渠道）、欢愉性（广告和体验）和完整性（服务）等。也就是说，"价值主张"是企业给客户提供的所有元素对客户的总体价值。基于"市场洞察"的"价值主张",往往体现了一个企业的"创新焦点"。这个"创新焦点"可以是产品创新,也可以是运营创新、商业模式创新等。但作为"客户价值主张",它们都应该解决客户正在面对的关键问题。

"客户价值主张"设计就是市场营销中所说的定位(positioning)。准确地说,"客户价值主张设计"是一个企业的价值定位。但很多市场营销或品牌从业人员往往把价值定位简单理解为品牌定位,甚至狭窄地理解为"独特卖点"(USP),甚至是一句广告词,实在偏离了"客户价值"这个本质。

"客户价值主张"可以理解成企业为客户提供解决他们问题的一个方案。例如,麦当劳的"客户价值主张"包含以下一系列价值点:众多的方便地点、较高的质量点、合理的价格点、菜单可选项众多点、快速高效的服务,等等。

这些价值点共同构成了麦当劳的"客户价值主张"。很明显,这个价值定位远比品牌定位或"卖点"广泛。事实上,在很多情况下,品牌定位和"卖点"是"客户价值主张"的一种提炼,只聚焦于"价值主张"中最具有差异化的特定价值点。

市场营销战略规划到了这个步骤,企业就回答了前面提到的四个基本问题,也就完成了主流市场营销理论中的STP战略框架。至此,市场营销战略的"战略"部分(准确地讲是"策略"部分)就规划完成了。下面需要做的就是"战术"层面的规划,即把设计出来的"客户价值"通过"市场营销组合",以客户总体体验的方式给客户具体呈现出来。

第四步,"市场营销组合"设计。

"市场营销组合"设计就是常说的"5P"设计，即产品（product）、价格（price）、推广（promotion）、渠道（place）和客户关系（people）。这5个"P"就负责把抽象的"价值主张"具体化，从而把价值输送到客户手中，解决客户的问题。可以说，"市场营销组合"是交付"客户价值"的具体工具。

市场营销战略的规划过程见图3-1。

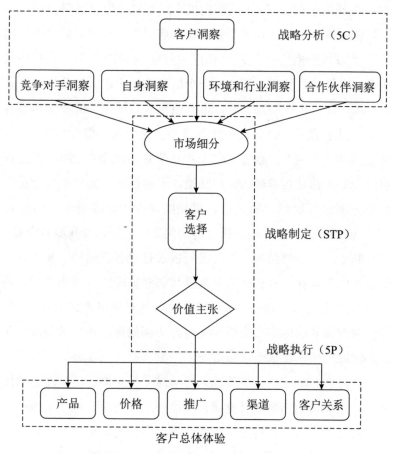

图 3-1　市场营销战略的规划过程

在数字化时代，客户关注的已不再是相互割裂的"5P"，而是涵盖他们消费旅程和生命周期的总体体验。因此，在工业化时代实施的"市场营销组合"设计，已经逐渐变成客户总体体验设计，而"5P"只是客户体验中的某个环节。

◎ 市场营销战略规划案例

下面具体说明一下市场营销战略规划应该如何运用。

有一位创业者计划开个奶茶连锁店。第一步就是做"市场洞察"。"市场洞察"一般从"环境和行业洞察"入手，看看热饮消费的大趋势是什么。例如，一个新趋势是中年人对热饮的需求在上涨。在"客户洞察"时，可以观察和访谈 30~40 岁的典型客户。结果了解到，他们最大的诉求是"健康和保健""口味淡"，以及购买"方便"。然后，进入"竞争对手洞察"，创业者发现热门竞品大都迎合年轻人，口味重，不够健康。因此就计划在产品配方上进行超越，聚焦口感更加纯净的"健康奶茶"。最后，"合作伙伴洞察"帮助确定最合适的供货商、渠道商和服务商等。

基于这些洞察结果，创业者可以进行"客户选择"和"客户价值主张"设计。首先，中年人群体仍然很庞大，需要进行市场细分。结果发现"30~35 岁女性白领"是最具潜力的目标客户，她们对健康热饮的购买意愿和支付能力都很强，还能带动周围人群。因此就聚焦在这个目标市场。

目标客户确定后，还要深入了解这个特定群体的理性和感性需求。例如，她们想通过健康热饮缓解工作疲劳，或小小犒劳一下辛苦工作的自己，提升幸福感，展示自己的时尚品位等。基于这些具体需求，就可以设计出一个包含理性和感性价值的"客户

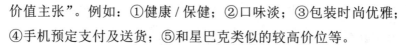

价值主张"。例如：①健康 / 保健；②口味淡；③包装时尚优雅；④手机预定支付及送货；⑤和星巴克类似的较高价位等。

到了这一步，创业者就已经清楚知道这个新创企业应该解决以下三个问题：①满足什么需求；②服务于谁；③提供什么价值。

下一步就是回答"怎么服务"，即设计具体的"市场营销组合"来实现上述的"客户价值主张"。例如，在产品设计时，就要考虑什么叫健康，以及如何体现在奶茶中。在包装上，要看哪一种设计更时尚优雅，应该采用什么调性。在价格上，要确定不同产品的具体价位和促销价位。在渠道上，要考虑线下及线上店的位置和设计。在传播上，要看在何种类型的广告或媒体平台上进行宣传，采用什么具体媒体内容和品牌设计才能打动目标客户等。至此，这个新创企业就依照规划过程制定了一个具体可行的市场营销战略。

◎　市场营销战略规划的局限性

上述战略规划过程就是西方营销界沿用了几十年的"STP + 5P"框架。20 世纪八九十年代该框架引入我国后，几乎成为市场营销战略的同义词。实际上，市场营销战略规划有一定的适用范围，不是放之四海而皆准的万能灵药。下面就探讨市场营销战略规划的局限性和适用场景。

第一，市场营销战略规划更适用于 B 端，不太适用于 C 端。

因为这个框架是建立在几个基本假设之上的，例如"客户的偏好稳定""客户之间的需求差异明显"等，而这些假设更符合 B 端市场的特点。在 C 端市场，客户的偏好很容易改变，很可能受"消费场景"影响。例如，消费者去买车。出发前消费者心中有一个心仪的品牌或车型，但很可能最后开回来的车和当初想要的完全不一样。买车过程中受到的引导，购车场景和当时的情绪都会影响消费者最后的决策。同时，C端客户的需求和偏好也会经常发生变化。因此，在C端市场使用这个框架，市场细分和定位很可能变得不够准确。这也就显示出面向C端市场的市场营销战略规划需要更加动态而弹性的特点。

第二，市场营销战略规划更适用于工业化时代，不太适用于数字化时代。

上述的市场营销战略规划框架源于"硬件为王"和"产品为主"的工业化时代。在那个时代，产品是价值的主要载体，而且产品是静态的，更新换代也不是很频繁。另外，客户的消费旅程比较简单和规范。因此，这个规划步骤大致遵循一个线性流程，规划了五个相互割裂的市场组合元素。

到了"体验为王"和"服务为主"的数字化时代，客户价值的载体变成了整个消费旅程中的总体体验。这个时候，企业需要规划的就不再是标准化的"价值主张"和五个割裂的"P"，而是客户在全旅程的总体体验和需要不断优化的个性化体验，尤其是数字化体验。而且，在数字化工具的支撑下，客户的消费旅程变得更加随机，甚至混乱。这个战略规划框架就显得有些力不从心。

例如，消费者在淘宝购物，整个旅程有很多随机性，每个节点的体验都是多个"P"共同营造的，例如产品、服务、价格、传播和关系，很难把它们割裂开而单独进行规划。而且，随着大数据的应用，企业可以针对每个客户按照不同的场景提供精准的个性化价值，同时根据数据反馈进行即时优化。因此，这个传统框架需要深度的变革和进化,不然无法适应数字化时代制定市场营销战略的需要。

第三,市场营销战略规划更适用于大企业,不太适用于小企业。

这个框架的顺利实施,高度依赖企业的"市场洞察"能力。没有"市场洞察"能力,战略框架就缺乏高质量的输入,结果很可能是"垃圾进,垃圾出"(garbage in, garbage out),难以产生高质量的输出。另外,这个框架很考验企业的建模和数据分析能力。大多数中小企业没有能力来很好地应用这个框架。

但是,就算有这些局限性,这个战略规划框架仍然有自己的独特价值,也就是促使企业在制定和实施市场营销战略时,真正"以客户为中心",同时重视"市场洞察"的获取。正所谓"市场洞察力决定了战略思考的深度"。但是很多企业对市场的深入洞察都在业务骨干人员的头脑里,并没有形成企业层面的组织能力。企业需要建立中心数据库来提炼和快速共享这些业务骨干人员的"市场洞察",让每个相关员工和业务部门都可以随时从中获益。这样的企业就逐渐成为不断提升自身能力的"学习型企业"。

华为就是最好的案例。华为的业务团队每次做完一个项目,无论成败,都要细致地进行复盘,并在这个过程中把此项目产生的所有洞察总结为具体的文字,上传到中央数据平台,以供其他团队和部门参考使用。通过这样的日积月累,华为在组织层面形成了强大的"洞察"能力。这也是华为能够获得成功的关键因素。

◉ 实施战略规划的若干要点

为了更为有效地进行市场营销战略的设计和规划，企业还需要认识到以下几点：

首先，市场营销战略的规划步骤和流程很容易理解，但要把它真正做好，能够像生产线一样每次都能很稳定地"生产"出高质量的战略并不容易。这就需要形成相关的企业战略规划能力。

其次，战略重在执行。一个企业有科学合理的战略规划方法，能够持续稳定地制定出高质量的市场营销战略还远远不够。战略只是一套想法，需要高效落地才能给企业带来效益。因此，企业需要具备基于"客户洞察"进行业务设计的能力和战略执行能力。这样才能让战略产生实效。

也就是说，能够执行的市场营销战略必须走完整个"业务设计"流程，包含价值获取／商业模式、活动范围、战略控制和风险管控等方面的内容。关键的是做好"人力预算"和"财务预算"。没有这两项预算，任何战略无论看上去多么"高大上"，都是空中楼阁，对企业的业绩毫无贡献。当然，最终战略的落地还需要"文化与氛围"，有"人才""财务"和"组织"的支持才能够得以实现。

最后，战略规划要交给专家来做。专家要依据科学理念，科学运用方法论和数据进行规划，不能让"战略靠拍脑门"型的领导搞"一言堂"。外行管内行一定会把企业管死。这些专家一般不是"市场总监"，而是业务骨干人员和主管。很多市场总监对业务不够精通，要是他们负责战略规划，也是"外行管内行"，很大概率是"纸上谈兵"。换句话说，市场营销战略规划不能交给"参谋部"做，必须让在前线打仗的"将军"来做。只有他们才真正了解客户、行业和业务。因此，企业要形成战略规划能力，就要好好培养业务骨干人员的战略思维和方法论。

企业生存的关键就是满足客户需求。战略和战略规划的基础和出发点都是"客户"，必须"以客户为中心"来引导战略的制定和实施。尽管大多数企业认同"以客户为中心"的理念，但在实际运营时还是"以企业和自我为中心"。尤其是上市公司，从来都把股东和股价利益放在用户利益之上。这样的公司很难真正做到"以客户为中心"。这样的公司所谓的战略规划，其实都是财务规划，根本没有"战略"，只有"钱略"。在数字化时代，企业一定要坚定地"以客户为中心"，这样才能通过战略规划制定出真正高效的市场营销战略。

第四讲

客户到底需要什么？

"需求"是整个商业和所有企业存在的基础。一切源于需求，可以说没有需求就没有商业。因此，客户需求是整个企业管理中的核心概念。有需求才有购买，有购买才有利润。很显然，企业存在的唯一原因就是满足需求。成功的企业就是更好满足了需求的企业，失败的企业就是没有满足需求的企业，就这么简单。市场营销学本质上就是客户需求学。"客户需求"是市场营销的核心概念，一切对于市场营销的讨论必须从这里开始。

既然"客户需求"这么重要，那么客户到底需要什么？这个问题看起来简单，但答对它并不容易。"需求"这个词就像"时间"和"空间"一样，人人都听得懂，但很少有人能把它讲清楚。很多企业因为没有理解透需求这个概念，造成理解和沟通上的混乱，影响市场营销战略的规划和执行。

◎ 理解客户需求的五个误区

一般而言，企业在理解客户需求时经常进入以下五个误区。

第一，从企业角度看客户需求，而不是从客户角度看客户需求。

从企业角度看到的客户需求就是一个个具体的产品或服务。但是如果从客户角度看客户需求，看到的则完全不同。客户需求不再是具体的产品，而是产品所承载的无形效能。例如，客户买电钻，需要的并不是一个电钻，而是墙上的孔，也就是电钻所提供的"钻孔"这个效能。电钻只不过是交付"打孔"效能的媒介和工具而已。其实用户需要的从来都不是产品，而是产品所承载的效能和解决问题的"方案"。

从这个意义上讲，所有产品本质上都是无形的。所谓的产品只是承载和交付无形效能的一个平台或一个壳。用户真正需要的不是这个壳，而是这个壳背后的魂，即效能。因此，企业需要时刻提醒自己那句在市场营销界广为流传的话："人们不需要四分之一英寸的钻头，他们需要的是四分之一英寸的钻孔"，这样才能把握客户需求的本质。

如果企业认为客户需要的是产品，那么就会专注于技术性能，力求生产出高质量的电钻。但如果明白客户需要的是效能，企业可以交付的东西就很多，如打孔服务、自带孔的墙板、无痕钉，甚至自带黏性的相框等。和交付一个电钻相比，这些解决方案不但可以更好地满足客户需求，还能建立更高的竞争壁垒，同时为企业提供更多的增长空间。理解了这点，也就明白了所有的企业本质上都是服务型企业。

第二，过于关注功能需求，忽略情感需求。

功能需求是指客户对产品性能的需求，如安全、快捷、低成本等。情感需求是心理和心灵的需求，如快乐、关爱、自尊、美感等。还以电钻为例，客户肯定期望电钻具备基本的打孔功能，这是他们考虑是否购买的前提。但这只是满足了他们基础的功能需求。客户打孔可能是为了挂一幅画或一个小的置物架，用来使房间更美观和整洁。实现了这个目标，就能给客户带来舒适感和成就感。这两种感受就代表客户的情感需求。

很多企业错误地把客户当成了完全理性的人，好像他们只专注于功能需求。其实，人本质上是情感动物，人们的消费行为都是情感和情绪在驱动。就是在所谓理性的 B 端市场，客户的情感需求也对他们最后的决策起到关键作用。

第三，往往孤立地看待需求，不看具体的场景。

需求从来都和场景绑定。应该说是特定的场景诱发特定的需求。因此，离开场景谈需求毫无意义。所谓场景，就是客户使用产品的场地和情景，即特定的空间、时间、氛围和事件等。

例如，乘电梯就是一个典型的场景。如果电梯里只有一个人，他或她的需求可能是给朋友打电话或发微信。但如果正好是上下班时间，在电梯这个狭窄封闭的空间就会很拥挤，大多数人为了避免近距离和陌生人面对面的尴尬，就会找个地方来聚焦注意力。此时，对电梯广告的需求就出现了。对绝大多数人而言，这种需求在日常生活中非常低，完全是由电梯拥挤的场景创造出来的。因此，市场营销人员应该关注的不是客户日常需要什么，而是在某个特定场景中客户需要什么。

第四，过于关注现存显性需求，错过隐性和萌芽需求。

现存的显性需求是企业都看得到，也正在满足的需求，如对智能手机的电池续航和照相功能的需求。这样的需求虽然很容易找到，但围绕它的竞争也很激烈。一个企业很难在这些大家都关注的需求上形成显著的差异化。要想出奇制胜，企业必须领先竞争对手看到用户的隐性需求和萌芽需求。所谓隐形需求，就是用户难以表达清楚，但又确实存在的需求。满足用户的隐性需求最经典的案例就是 3M 公司推出的便利贴（Post-It）。在打造这个产品的团队里，有一位工程师是教堂唱诗班的成员。他每次唱歌时，书签总是从歌本里掉出来，很不方便。他敏锐地感觉到，虽然从来没有客户表达出这种需求，但一定有很多人同样遇到了这个问题。因此，他和团队就推出了便利贴，并大获成功。当然，企业要想准确把握客户的隐性需求就必须具备强大的洞察能力。

萌芽需求就是正逐步显现的需求。萌芽需求代表的是在不远的将来出现的新市场和新客户，也就是企业都追逐的蓝海。这样的需求才可能为企业带来高速的增长。例如，21 世纪初，人们对智能手机的需求就是一种典型的萌芽需求。当时的客户广泛使用以诺基亚为代表的传统手机和笔记本电脑。但是他们一旦离开家居或办公场所，就很难上网或者查看电子邮件。诺基亚专注于让现有手机变得更耐用、更轻便，完全忽视了这个萌芽需求。苹果前瞻地感知到，只能通话以及发短信的传统手机根本无法满足客户的沟通需求。因此，苹果很早就开始研发智能手机，并在 2007 年成功推出 iPhone，从此彻底改变了全球民众的生活。可见，企业只建立客户洞察能力（consumer insight）还远远不够，而要有感知萌芽需求的客户前瞻力（consumer foresight）。

第五，关注寻找需求，而非创造需求。

很多企业误以为需求就像挂在树上的苹果，出门去找就好了。事实上，除了人的基本生理需求之外，绝大多数需求从来不是天生就固定存在的，需要企业去激活并创造出来。实际上，能找到的需求都不是关键需求。真正能够帮助企业实现快速增长的需求往往需要企业创造出来。

例如，以前的消费者没有对短视频的需求，抖音和快手就创造了这个需求，迅速引爆了一个具有无限潜力的市场。以前，人们没有对随身听和平板电脑的需求，索尼的 Walkman 和苹果的 iPad 就创造出了这个需求。当然，在商业场景下讨论的需求是指对产品或服务的一种诉求。因此，所谓的"创造需求"不是真的凭空制造出人类的基本"需求"，只是创造出一种客户对满足他们基本需求新方式的需求。创造客户需求是如此重要，以至于出现了一个说法，就是"二流企业满足客户需求，一流企业创造客户需求"。

上述针对客户需求的错误认知都会影响一个企业市场营销战略的制定和执行，自然也影响企业的业绩。这样看来，"客户需求"这个看起来简单的词组其实一点都不简单。对"客户需求"的理解和把握是企业管理能力和水平的核心标志。

◎ 客户和客户需求的定义

在讲"客户需求"之前，需要先把"客户"和"需求"这两个关键字讲清楚。什么是"客户"？

广义而言，客户是所有能够影响到效益的人群，如用户、员工、合作伙伴、政府、各类相关团体等，也就是"利益相关者"（stakeholder）。狭义上，客户就是购买和消费企业产品和服务的人，也就是"用户"。在 B 端市场，决策往往是群体性的，牵涉的利益相关者比较多，因此单纯专注"用户"是远远不够的，这时的"客户"就是"利益相关者"。我们可以直接把客户理解为"利益相关者"。

那么什么是"需求"？

首先，"需求"的含义很多，目前有点过度使用了。交流时大家都在讲"需求"，但谈得其实不是一回事。在这里有必要解释一下什么是"需求"。市面上对"需求"的定义有很多讨论，甚至精细到了"需求"和"需要"的区别。企业管理不是语言学和哲学，讨论这些细微的差别毫无必要。从实用的角度，这里对"需求"做一个最简洁的定义："需求"就是客户对解决某个问题的方法或者方案的一种诉求。

进一步解释一下。首先，"需求"源于人面对的"问题"。人对解决某个问题的意愿或"渴望"就产生了"需求"。例如，"渴了"是一个问题。"解渴"的意愿就带来了"需求"。"无聊了或者累了"就是一个问题。消除无聊或消除疲劳的意愿也引发"需求"。因此，"需求"源于"打扰"客户的"问题"。有问题就有需求。也就是说，"需求"就是对一种东西的获取欲望。这种东西能够解决人正面对的问题，就是这个问题的答案或解决方案。"需求"的来源就是"打扰"客户的"问题"。有问题就有需求。

◎　需求的类别和层次

理解需求还需要引入另外两个基本概念，即"需求类别"和"需求层次"。先讲类别。人人有功能需求、心理需求和心灵需求。如果借用马斯洛的需求阶梯理论，功能需求大致就是最底层的生理需求，上一层的安全需求与爱和归属需求，乃至自尊需求就是心理需求，自我实现就是心灵需求。明白了这点，企业就知道满足客户需求，只满足客户的理性需求是远远不够的，还要满足他们的心理需求和心灵需求。

再讲需求层次。客户面对的问题往往有不同的层次，如抽象的大问题和具体的小问题。需求层次就和"问题"的层次对应。也就是说，人的需求是从抽象到具体的。

例如，"饿了"这个抽象问题带来"消饿"（消除饥饿）的抽象需求。它对应的是总品类需求，即食物。这个层面的需求对企业没有什么指导意义。在"饿了"这个抽象的大问题下，其实包含着很多具体的小问题，例如"饿了"的同时因为时间紧，需要"快速消饿"，这个小问题带来的就是对"快餐"的需求。这个层次的需求就和企业直接相关，所以有了麦当劳、肯德基和其他快餐服务。

客户可能还关注"健康"，那么客户需要的解决方案就是"健康地快速消饿"。这个需求就更加具体，对应的就是"健康快餐"这个小品类。但是客户可能还在乎"口味好""便宜""卫生"等。这些需求就相当具体了，也就催生出"健康快餐"这个小品类中的一系列品牌，例如"真功夫""蒸喜爱""功德林"等。

因此，客户至少有四个层次的需求：

1. 饿了。对应的是对"食物"这个抽象总品类的需求。

2. 饿了，快速消饿。对应的是具体的大品类"快餐"的需求。

3. 饿了，快速消饿，健康消饿。对应的是对更加具体的小品类"健康快餐"的需求。

4. 饿了，快速消饿，健康消饿，用好味道食品消饿。对应的就是对品牌如"真功夫""蒸喜爱"等的具体需求。

如果"真功夫"是味道最好的健康快餐，客户又很容易购买到，如楼下有店或可以点外卖等，那么客户就通过购买和消费

"真功夫"的产品解决了自己的上述问题。

因此,在谈客户需求的时候,一定要想清楚是哪个层面的需求,抽象问题对应的是抽象需求,如"食物需求",和企业的具体市场营销工作没有直接关系。大问题对应的是大需求,和品类有关。小问题对应的是小需求,关乎具体的产品性能,直接涉及品牌。这些层面的需求才和企业有关。也就是说,企业要清楚客户是对品类的需求、产品的需求,还是对品牌的需求(见图4-1)。这一点很重要。企业要想快速增长,一般需要关注品类层面的需求,而不是品牌层面的需求。

图4-1 客户需求矩阵

❍ 客户需求的本质

那么客户到底需要什么?

第一,客户需要的永远都是"解决问题的能力",而非产品本身。在B端市场,这一点尤其明显。

例如,中国移动面临的问题是"通过给客户提供最佳的上网体验，实现快速增长"。为了解决这个问题，中国移动需要的不是一个产品，或者某个具体的性能，而是解决这个问题的能力。那么作为通信设备的供应商，华为需要思考的就是如何给中国移动提供解决这个问题的能力，而这个能力往往需要以一个整体的解决方案来展现。这样，华为才能真正帮助中国移动解决它的问题。

第二，在 C 端市场，各个行业变得越来越成熟，真正的产品痛点并不多，而且产品同质化很严重。因此，在很多品类中，客户的功能型需求减弱，心理需求和心灵需求加强。在很多情况下，客户需要的是产品或品牌给他们提供的情感效能，满足他们的心理需求和心灵需求。

也就是说，给企业带来需求的往往不是"痛点"，而是"痒点"和"爽点"，可以说，在 B 端市场，用户需要的是解决问题的具体功能，如节省成本、提高效率、一站式方案等。而在 C 端市场，用户需要的是抚慰心灵，如被关怀、被尊敬、安全感等，也就是说，用户需要的是产品或品牌提供的情感效能。

例如，拼多多为什么这么"火"？真的是因为低价吗？其实不是，黄峥自己都说："我们的核心不是便宜，而是满足了大众心里占便宜的感觉。"也就是拼多多满足的是客户的心理需求。智能手机在功能上都差不多，华为的客户为什么买华为的产品？小米的客户为什么买小米的产品？其实，华为客户购买的是"非苹果"和"祖国高端国货"的那种心理感觉，而小米客户需要的是社群所提供的一种"参与感"。

当年宝洁的尿不湿进入日本市场，虽然它给母亲照顾婴儿带来极大方便，但是无论怎么推广就是销量低迷。后来才发现，日本妈妈对把孩子包在尿不湿里那么长时间会产生愧疚。也就是说，这个产品满足了她们的功能需求，但没有满足她们的心理需求和情感需求。后来宝洁大力宣传尿不湿对婴儿皮肤的保护功能才打开销路。

这样看来，客户到底需要什么？在 C 端市场，客户最需要的就是对心理需求和心灵需求的满足。如果一个产品在心理和心灵上不能满足用户，那么客户很难产生强烈的购买欲望。从本质上讲，人的所有需求都是心理需求和心灵需求，即情感需求。只有心理需求和心灵需求才是刚需。人是情感动物，驱动消费的永远都是情感。真实的消费动机都是情感动机。因此，要想找到刚需，实现快速增长，就要从用户的心理需求和心灵需求入手。

就是在相对比较理性的 B 端市场也不例外。虽然理性需求是必须满足的刚需，但是它后面隐藏的心理需求和心灵需求也是驱动客户决策的真正驱动力。在比较成熟的 B 端市场尤其如此。

◎　客户主要的心理需求

客户主要的心理需求和心灵需求有哪些？一般而言，心理需求主要有以下几种：

1. 安全感（如 QQ 的隐身功能）。

2. 被爱和被关怀（如脑白金）。

3. 占便宜（如拼多多）。

4. 自尊、自我价值、身份定义（如各种名牌）。

5. 寻"酷"（如苹果、大疆、Zoom）。

6. 好奇和窥探（如爱彼迎）。

7. 参与感、存在感（如喜茶、小米）。

8. 归属感和情感联结，抗拒孤独（如微信、电子游戏）。

9. 快乐、娱乐、好玩、抗拒无聊、消磨时间（如淘宝、微信、抖音、拼多多）。

10. 避免负面情绪，如内疚（如脑白金）、焦虑（如各类线上学习课程），怕错过（如微信、抖音）。

心灵需求主要有以下三种：

1. 成就感、被认可、被肯定（如电子游戏）。

2. 个性彰显、释放、叛逆、心无挂碍（如各种角色扮演、电子游戏、苹果、耐克）。

3. 生命的意义（如苹果、哈雷摩托、露露乐檬）。

心理需求和心灵需求也有浅层和深层的区别。一般不会说出来给别人听，也很难表达清楚的大多是深层需求，例如窥探、叛逆、渴望自由等。如果一个企业真正触及客户的深层情感需求，那么这个企业很可能引爆需求，实现快速增长。

再以前面提到的热奶茶为例。这个热奶茶生意的成功，除了产品质量，关键的是要满足职场白领女性的心理需求和心灵需求，尤其是深层情绪或情感需求。在这个人生阶段的职场年轻女性，大多会面对择偶和职场打拼带来的辛苦、焦虑、困惑和自我怀疑，她们在忍耐和等待中拼搏，向往一种美好的生活。很可能她们的情感需求就是在生活的等待中需要暂时忘记这些，稍稍休息一下，关怀和犒劳自己，并给予自己充分的认可。

◎ 感性需求和需求创造才是关键

说了这么多情感需求，难道客户没有功能需求或理性需求吗？当然不是，在产品效能有显著差异化的市场，功能型理性

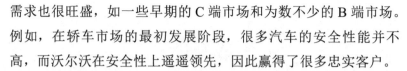

需求也很旺盛，如一些早期的 C 端市场和为数不少的 B 端市场。例如，在轿车市场的最初发展阶段，很多汽车的安全性能并不高，而沃尔沃在安全性上遥遥领先，因此赢得了很多忠实客户。

问题是，理性差异化很难持久。最终客户还是会回归心理需求和心灵需求。其实，就是客户关注理性需求的市场，最后驱动决策的仍然是情感或情绪。可以说，客户的理性需求是间断出现的，而情感需求是永恒不灭的。无论在 B 端市场还是在 C 端市场，任何一个产品都需要给客户提供一个同时满足功能需求和情感需求的总体解决方案才能持续成功。

讲了这么多需求，最后需要强调的是："客户需要什么"几乎是一个伪命题。因为除了基本生理需求之外，其实客户从来都不需要什么。所有的需求都是创造出来的。一个企业不应该天天问"客户需要什么"，而要问"我们能创造出什么样的客户需求"。有理想和有追求的企业应该有能力创造和塑造客户需求。企业经营的最佳状态就是：我想让客户需要什么，他们就需要什么。这就是乔布斯带领下的苹果能够持续成功的真正秘密。

第五讲

如何洞察客户的真实需求？

客户需求是一切商业的基础，更是市场营销的核心。因此，对于企业而言，能够准确洞察客户需求至关重要。如果能够准确洞察客户需求，企业很可能就推出一个爆品。但是如果洞察错误，那终将失败，再努力也难以实现业务增长的目标。可以说，客户需求洞察是一个企业的核心能力，也是一个产品经理关键的专业能力。

◉ 伪需求的两种情况

虽然客户需求洞察这么重要，但是很多企业做得并不好。最大的错误是经常洞察到了"伪需求"，而没有洞察到可以给企业带来增长的真需求。对于企业来讲，所谓真需求就是真正存在的刚需。那么什么是"伪需求"呢？一般有以下两种。

第一，"错"需而非"对"需。

这是说企业洞察到的客户需求是错误的。最经典的案例就是20世纪80年代中期可口可乐为了应对百事可乐的挑战，就想推出一款新产品。为了确保成功，可口可乐启动了商业史上最大规模的市场调研，询问了十几万名客户，他们到底喜欢什么样的可乐。客户的反馈是，希望可乐有"更甜的口味"。因此，可口可乐就推出了更甜的"新可乐"（New Coke）。但"新可乐"的市场反应极差，甚至还有大批客户抗议。最后，可口可乐不得不恢复原来的口味。

怎么会出现这种情况呢？难道在调研的时候客户对可口可乐撒谎了？其实并没有，而是可口可乐自己没有意识到，经过第二次世界大战的洗礼，可口可乐已经成了美国文化的象征。客户对可口可乐的需求远远超越了口味，变成一种心理甚至精神层面的需求。这个层面的需求很难被客户清晰表达出来，同时更难被改变。因此，"甜口味"是一个不折不扣的"伪需求"。这种对用户需求的误判导致了新可乐的彻底失败。

再如，海底捞有段时间提供了一个帮客户把手机套起来的服务。客户需要一个东西来保护手机似乎是一个常识。实际上，人们并不喜欢别人动自己的手机。提供这种服务反而让他们感到自己的隐私被侵犯，因此很反感。因此，这是海底捞凭空想象出来的一个错误需求。海底捞想到的这个需求完全就不存在。当年诺基亚也犯了同样的错误。诺基亚认为客户需要的是一款更耐用、更坚固的手机。但其实客户真正需要的是一款带手机通话功能的掌上微型电脑。除了通话之外，手机还要能满足客户的社交和娱乐需求。

第二，"弱"需而非"刚"需。

这种需求的确存在，但对企业的贡献很有限。弱需求主要有三种：一是这种需求已经得到充分的满足，客户的需求欲望并不强烈。例如，"安全"现在是汽车的标配，客户对安全的需求变弱。如果一款新车着重强调"安全性能"，就很难再打动客户。

二是这种需求虽然有，但是发生的频率太低。如当年很风光的河狸家，提供上门的美甲服务，但人们的这种需求出现频率很低。三是这种需求太小众。如很少有人需要可以在美国和英国两种不同制式下使用的插头。这些弱需求无法给企业带来显著的增长，不值得企业投入资源和精力，也可以归为"伪需求"。

◎ 洞察"伪需求"的四个原因

是什么造成了人们洞察到了"伪需求"？主要有下面四个原因：

第一，把客户需求和解决方案混为一谈。

例如，如果客户说"我需要一匹跑得更快的马"，这其实不是需求，而是满足需求的一种解决方案，客户真正的需求是"从A点快速移动到B点"。也就是说，客户需要的从来不是具体的产品，而是抽象的效能。不理解这点的企业，就会费尽心机给客户培育一匹跑得更快的马，其实给客户提供一部汽车才能更好地满足他们的需求。很可能当年诺基亚调研它的核心客户时，他们告诉诺基亚的是，他们需要一部质量更好、更耐用的手机。诺基亚把这个"解决方案"误以为是"客户需求"，错失了开发智能手机的大好时机，从此一蹶不振。

第二，没有深入了解到客户的需求动机。

客户有"问题"才产生需求。但是只了解"客户问题"还不够，还要了解问题背后的动机。例如，客户告诉企业，他的"问题"是"要尽快从A点到达B点"。这个问题就带来了他们对"交通工具"这个解决方案的需求。但这个"问题"背后有特定的"动机"。例如，客户想到B点的动机可能是送文件，也可能

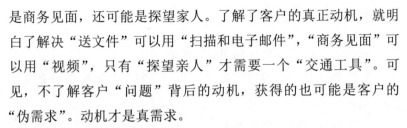

是商务见面，还可能是探望家人。了解了客户的真正动机，就明白了解决"送文件"可以用"扫描和电子邮件"，"商务见面"可以用"视频"，只有"探望亲人"才需要一个"交通工具"。可见，不了解客户"问题"背后的动机，获得的也可能是客户的"伪需求"。动机才是真需求。

第三，忽略客户的心理需求和心灵需求。

前面说过，所有的需求本质上讲都是心理需求和心灵需求，尤其在 C 端市场。但是很多企业过于关注客户对产品的功能需求，并没有深挖客户的深层心理和心灵需求。例如，一家专门做生日蛋糕的企业，如果只是在蛋糕的口味、卖相、价格上做文章，一定无法成功。企业必须明白，客户购买蛋糕的深层需求是"体现关怀"。从这个需求点入手，才能真正抓住客户的心。如果可口可乐当年更关注客户的心理需求，那么就会避免新可乐的错误。

第四，脱离了场景看需求。

场景决定需求。脱离了场景看需求只能看到伪需求。例如，索尼当年研发出一款新的音响系统，召集了一批客户来做测评。音响有黄色和黑色两款。当时在现场，每个人都说黄色好。但是临走的时候，索尼的研究人员让他们选一款带走，所有人都选了黑色那款。在测评现场，可能黄色看上去的确不错，但是一想到要摆放在家里，大家还是觉得黑色更好看。

还有一个例子是，曾经有企业试图推出语音控制电脑 TNT，可以用语音制作表格与演示文稿（PPT）。但是办公室这个场景需要安静办公，自然不会有这种需求。后来因为疫情，工作场景发生了变化。居家办公的场景使语音控制电脑有了需求的空间。

◎ 洞察需求的五种方法

企业怎么样才能确保洞察到真需求呢？

前提条件是心态要对。做好"客户洞察"必须在心态上做到以下两点：

一是要真正以客户为中心。

如果需求分析人员真正以客户为中心，用一颗真诚甚至虔诚的心对待客户，处处从客户的角度看待问题，具有真正的同理心，那么就会最大限度地避免洞察到伪需求。但是在实际工作中，很多客户分析人员还是习惯于以自己为中心，以产品为中心，以企业为中心。这样就很难洞察到客户的真需求。

二是要真正用心去做。

其实"客户洞察"根本不是很玄妙的东西。只要用心去做，舍得花时间和客户打成一片，勤于观察和思考，日积月累就会具备客户洞察能力。这跟侦探对办案能力的培养是一个道理。如果只是把事情当成一件老板交代的任务，自然而然就会走捷径，错过洞察的好机会。用心、细心、认真、不怕麻烦、有耐心的人才能做好这项工作。

心态摆正了，还要采用有效的方法。大致而言，企业可以从以下五种思路入手：

第一，问正确的问题。

"问题"创造需求。洞察需求就是洞察问题。在做客户洞察时，问对了问题最重要。洞察了"对"的问题，就可以找到真需求。找到一个正确的问题几乎就完成了任务的一半。而问错了问题只能离真理越来越远。归根结底，客户洞察所要回答的问题就是"客户真正需要什么"。那么，什么是正确的问题呢？

正确的问题从来不是"你需要什么产品或功能",而是你"需要完成的任务"(jobs-to-be-done)是什么,也就是"你做这件事的最终目的或者动机是什么"。

例如,当一个客户想买一个 5 毫米直径的钻头,他其实买的是一个 5 毫米直径的钻孔。但是,了解到了这一步还未必知道客户真正的需求,因为客户获得钻孔也不是最终目的,他一定是用钻孔去挂什么东西。那么,客户购买这个钻孔需要完成的任务是什么呢?

继续了解,才知道客户想用这个钻孔挂孩子在学校获得的奖状。因为最近孩子学习的动力不足,客户作为父亲想用这个方法来鼓励孩子继续上进。所以,客户真正的需求是"激励孩子"。或者说客户购买这个钻孔的"动机"是激励孩子。其实,这个"动机"才是客户真正的需求。而问客户"需要完成的任务"就能更好地洞察客户购买背后的真正动机。无论在 C 端市场还是 B 端市场,很多情况下客户的动机都有很强的情感和心理成分。

第二,多问"为什么"。

有一种说法是,一个产品经理必须问客户七个"为什么",才能真正了解客户需求。例如,沿用上面的例子,客户提出了对钻头的需求,你就要问客户要完成什么"任务",也就是为什么要钻那个孔。客户一般会回答"挂东西"。那么你需要继续问"挂的东西"是什么?这时客户可能就会说"挂小孩获得的奖状"。你继续问"为什么"。客户可能就会说"孩子最近学习动力不足",他想激励一下孩子。这时,你才会看到客户真正的问题,不是"钻孔",而是"孩子学习动力不足",他需要进行"激励"。他所能想到的具体形式之一就是"在墙上挂奖状"。

但是，很显然，"激励孩子"这个问题有很多解决方法。除了"在墙上挂奖状"，还可以是"带孩子参加夏令营""读励志的书""参观名校""购买孩子用的自我管理学习软件"等。多问"为什么"，不但发现了客户的真实需求，还挖掘到了更广泛的需求，也就创造了更多的商机。

第三，优先看心理需求和心灵需求。

很多刚需都源于客户的心理需求和心灵需求，尤其在 C 端市场。其实，大众对很多大品牌如耐克、苹果等消费旺盛，根本原因就在这里。这些心理需求和心灵需求往往是隐形需求，而且需求量巨大，如同冰山小小山尖下的庞大冰体。

所以，把这个需求洞察清楚并加以利用才是创造出对某个产品形成显著市场需求的关键。可以说，很多洞察的主要目的就是要看到客户深层的心理需求和心灵需求。但是对于隐形需求，客户很难表达，自然也很难洞察。对这种需求的把握往往最考验从业人员的洞察能力。

洞察客户的深层心理需求，定性和定量的方法都会提供帮助，尤其是心理学的一种研究工具，即"心理投射法"（projective technique），也就是用间接的方法把客户内心的真实感受投射出来。具体的方法有很多，如联想法、故事构建法、句子完成法等。关于这方面的著述非常多，这里不再赘述，下面分享一个经典案例，希望能给你带来启发。

20 世纪 50 年代，雀巢公司率先推出速溶咖啡。这个新产品项目耗资巨大。雀巢担心客户会觉得速溶咖啡的口味不够好。因此，为了确保速溶咖啡的成功，在产品上市之前，就邀请了大量目标客户进行口味测试。客户的反馈都是正面的，认为这款咖啡不但饮用方便，味道也不错。但产品上市后，销量很差。雀巢对这个结果感到很困惑，就展开了深入的市场调查。当雀巢询问客户不愿购买的原因时，大多数客户归结于口味不好。这个时候，雀巢就更加困惑了。因为在之前的测试中，大家都说口味不错，为什么现在客户反而抱怨口味呢？

雀巢知道，直接询问客户是无法获得真实的洞察的。无奈之下他们求助了一位心理学家——加利福尼亚大学伯克利分校的曼森·海尔（Mason Haire）教授。海尔教授就运用心理投射法设计出了著名的"海尔购物单实验"。在这个实验里，海尔教授向参与实验的人提供两份购物单。每份购物单上有七项日常食品。两份购物单的唯一差别就是一份购物单上列着雀巢速溶咖啡，另一份购物单是传统的咖啡品牌"麦斯威尔"。然后海尔教授让参与者对选择这两种购物单的家庭主妇做出一个描述。结果显示，选择含有雀巢速溶咖啡购物单的家庭主妇被描述成懒惰、没有爱心、丢三落四、不称职的母亲和妻子等。

通过这个实验雀巢才发现，阻碍产品成功的根本不是功能型的"口味"，而是心理原因，即家庭主妇不购买雀巢速溶咖啡是她们不愿意被家人和外人看成是懒惰和不称职的母亲和妻子。这种深层的心理原因无法通过传统的洞察手段如问卷、访谈和焦点小组等揭示出来，需要心理投射法这种间接的方式，让客户把自己内心的真实想法不加设防地投射出来。当然，人的心理是宇宙中最复杂的事情。无论什么方法都会有它的局限性。所以，要想更好地洞察客户的内心世界，市场营销人员还要具备高度的敏感度和同理心，对人性有深刻的理解。这就需要客户洞察人员深入了解心理学、社会学、经济学等基本知识，然后丰富自身的阅历，再不断历练，最后自然而然就会形成强大的"读心术"。这也是一流和普通市场营销人员的重要区别。

第四，大数据分析和建模。

客户的真实需求就隐藏在大量的决策和行为数据中。在大数据中挖掘用户需求（data mining）由来已久。一个广为流传的案例就是美国的零售连锁巨头塔吉特（Target），利用女性客户的消费数据，就可以很准确地预测出她们是否怀孕，以及孕妇分娩的大致日期。十多年前，明尼苏达州的一位父亲曾去当地的塔吉特发飙，因为塔吉特给他正在上高中的女儿邮寄了婴儿产品的折扣券，但是后来发现他的女儿果然怀孕了。塔吉特正是基于数据分析先于家人发现了这个事实。

今天的大数据更加普及，分析能力也更强大。建模和数据分析成为近年来越来越普遍的洞察方法。这种方法适用于具有一定规模的企业。这样的企业才有资源做好这件事。从长远来看，这会是客户洞察的主流方法。以往的定量方法都是基于对某个样本的观察分析而推演出适用于整个客户群的洞察。但是大数据的发展和计算能力的提升，使得企业可以分析整个客户群的全部数据而获得完整的洞察，即所谓"煮干整个大海"（boil the ocean）。在现阶段，物理世界和数字世界还存在很大脱节，还不能完全迷信大数据。而在不远的将来，采用人工智能来分析海量数据，一定是获取客户洞察的最有效方式。等到了脑机接口完全实现的年代，企业不但可以直接"读心"，甚至可以直接控制客户的内心。

第五，透彻了解场景。

场景就是客户所处的多维度环境。场景是由"场"（时间和地点）和"景"（人、物、事）的组合构成。不了解场景就无法洞察真实需求。了解场景的最好方法就是"实地观察法"（ethnographic study）。这个研究方法源于人类学。人类学家要想研究某个部落，就会和这个部落的人生活在一起，近距离观察。对于市场营销人员而言，就是贴近客户进行实地的细致观察。场景不能靠想象，每个客户的决策和使用场景都可能截然不同。不到现场观察并且深入到实地实景中，则很难对场景产生真实的洞察。

宝洁、英特尔、微软、乐高等顶级企业广泛使用这种洞察方法了解客户需求和需求的场景。例如，早年宝洁旗下的潘婷洗发液计划下沉到乡镇市场。潘婷按照自己对中国乡镇的判断，对产品做了不少改动，但是潘婷产品在乡镇市场推出后仍然业绩不佳。潘婷品牌团队就深入乡镇市场观察客户如何洗头。他们一到现场就发现在很多地区人们仍然是用水盆洗头，而针对淋浴而设计的潘婷洗发液有太多泡沫，很难在水盆里洗干净。基于这个洞察，潘婷立刻修改了配方，能够让产品在少量水的情况下也能很容易被洗掉。

实地观察法也是全球知名创新设计企业 IDEO 最推崇的一种客户洞察方法。当年，IDEO 曾经帮助一家口腔保健公司设计一款儿童牙刷。一般的直觉是孩子的手小，需要比较小的牙刷。但 IDEO 的设计人员实地观察后发现，孩子们因为手指力量不够，都会用手掌握住牙刷来刷牙。所以，与直觉相反，孩子们需要的是很好握住的大手柄牙刷。这个产品推出后大受市场的欢迎，给企业带来丰厚利润。

◎　实地观察法的两个原则

实地观察的实施门槛比较低，这个方法比较适合于中小企业，可以比较快速、低成本地获得用户洞察。但也有两个要点需要注意。

第一，要真正贴近客户，进行"深浸式"观察。也就是要深入客户的生活和使用产品的场景中，和客户同呼吸，共喜乐，而不是走形式，蜻蜓点水式地观察客户。联合利华要求自家的销售人员，至少花 50 个小时和用户面对面沟通后才具备上岗资格。而且，每周至少要花 10 个小时以上的时间和客户"泡"在一起。乔布斯说："要极度贴近客户，近到你比客户早很多就知道他们的需求。"

20 世纪最著名的战地摄影记者罗伯特·卡帕（Robert Capa）说过一句名言："你的照片不够好，只是因为你离得不够近。"华为也是尽量贴近客户。华为的一项规定就是海外办事处必须设立在离客户公司开车时长不超过 10 分钟的地点。其实，华为很多海外办事处和客户公司就坐落在同一栋楼里，几乎是咫尺之遥。

贴近客户就是身处现场。而"现场有神灵"。这是日本"经营四圣"中的"两圣"稻盛和夫和本田公司的创始人本田宗一郎都坚信的原则。本田宗一郎更是亲力亲为，他每天到公司的第一件事就是换上工装去"泡"车间。很多企业的产品经理都足不出户，闭门造车，全靠在网上搜集信息，看看第三方报告来了解用户，又怎能获得真实的洞察？

第二，要客观观察，也就是心里不带有假设、答案或偏见去观察客户。每个人在判断问题时都带着自己的假设和有色眼镜，但是绝大多数情况下，人们对此浑然不知。例如，如果让人们回答"11 的一半是多少"，绝大多数人会不假思索地说"5.5"。但是这样回答本身就已经假设这个问题问的是数字意义上的一半。"11

的一半"为什么不能是"1"呢？心里的假设会把一个人的注意力聚焦在所观察事件或对象的某个方面，而让他无法看清全景。其实，不仅不能带假设，还不应该带着问题去观察。因为一旦带着问题去观察，注意力就会关注和问题有关的内容，而非事件的真相。

有一个流传甚广的"隐形黑猩猩"注意力实验。有黑、白两队各自传球，让观察者记录某一队传球的总数。在这期间，会有一个扮成黑猩猩的人从两队之间慢慢走过，而且做出各种姿势。大部分观察者会专心关注传球而根本注意不到这只黑猩猩的存在。因此，只有心无挂碍的客观观察才会获取真正的客户洞察。理解观察法的关键是观察的目的不是去寻找问题的答案，而是去寻找问题。

◎ 客户洞察的三个障碍

无论如何在现阶段客户洞察都是一个比较具有挑战性的工作。无论企业如何努力，在有效获取客户洞察方面一般有三个层面的障碍要跨越。

第一，客户层面。

首先，很多情况下，客户无法说清楚自己的需求。C端客户的需求，很多都是心理需求，甚至是在潜意识层面，客户都意识不到，自然也无法表述。B端客户面临的都是复杂的问题，很难说清楚自身企业的真正需求。在客户可以清晰表达需求的时候，他们往往提出的不是需求，而是自己认为最优的"解决方案"。因此，洞察人员一定要分清"客户要求"和"客户需求"。

"要求"经常都不是真需求，有时甚至会损害客户的利益。在某些特定情况下，客户还会有意撒谎。这些都给客户洞察的工作带来很多困难。另外，市场营销人员有时无法直接接触到客户，更不要说洞察客户了。例如，在B端市场，销售面对的往往是决策团队的成员或客户代表，但真正的客户是企业内部员工。因为无法和他们直接接触，对于他们的需求便很难形成深入的洞察。

第二，自身层面。

客户洞察需要同理心，更需要客观如实地获取和分析客户证据和数据。但是人有思维定式和视觉盲点。正如一句流行语所说："如果你手里有把锤子，所有东西看上去都像钉子。"做客户洞察最怕这种主观的思维定式对一个人看待世界造成的偏差。例如，大众的一个常见思维定式是，大城市中受到良好教育并有较高收入的人群会更加注意生活的品质，因此是所谓"消费升级"的主要客户群。但是在现实生活中，这个群体中有很多成员是拼多多的客户。

还有一种思维偏差是"过度同理心"，即假设"我也是用户，所以我懂其他用户"。这种问题在C端洞察时尤其显著。即使购买同一款产品的客户，也往往有完全不同的"需要完成的任务"或消费动机。做出上述假设的市场营销人员就具有极大的视觉盲点，很难洞察到客户的真正需求。

第三，组织层面。

很多企业对客户洞察的重要性认识不够，或者急于要投放产品。因此，这些企业用于客户洞察的时间和资源都不充足，无法形成有效的洞察。等到产品开发后期发现了问题，为时已晚。这是很多新产品失败的主要原因。其实"磨刀不误砍柴工"，一个企业至少要在需求洞察和分析上投入新产品开发总时间的三分之

一，这样才能有效避免洞察错误。

　　客户洞察不能是一个人的事，因为直接了解客户远非形成客户洞察的唯一途径。一个企业里，任何和客户、经销商和合作伙伴对接的同事，都可能对客户有某些方面的洞察。因此，企业要建立洞察收集和共享平台，确保每位员工尤其是产品经理和项目经理，对客户的洞察都能输入并且在全企业分享。这样，企业就逐渐形成了客户洞察的体系和组织能力，能够不断沉淀积累客户洞察，洞察能力也会不断增强。

　　华为就有这样一个体系。每次项目完成后，华为的项目团队都必须以报告的形式复盘，然后这些洞察报告会输入一个共享的中央平台。经过多年的积累，华为形成了强大的客户洞察能力。而且这些洞察会不断向业务部门输出，从而帮助员工形成持续的强大战斗力。另外，领导的干涉也会影响到洞察的质量和效果。当然，如果想避免这种问题，就一定要提升自身的专业能力，做客户洞察方面的专家，用自己的专业性来降低"外行管理内行"的负面影响。

　　客户洞察是一种珍贵的组织和个人能力，但它并不神秘。只要日积月累加以历练，就会不断提高而修成正果。过去古玩店训练伙计，就是让他们年复一年日复一日地看真货，慢慢就有了感觉，假货一眼就可以看出来。洞察客户也一样。只要好好实践，用心体会，一定可以练就洞察一切的"火眼金睛"。

第六讲

如何创造客户需求？

　　对企业而言，准确洞察客户需求很重要。但要想实现高速增长，企业还需要创造需求。在讨论如何创造需求之前，需要先化解一个争论——需求是否真正能被创造出来，还是所谓创造出来的需求本来就存在，企业所做的只不过是在满足需求？

◎ 创造需求的本质

　　回答这个问题就要准确把握"需求"这个词的定义。"需求"在汉语里有多元的含义。人有基本需求，如生理和心理需求。这种需求与生俱来，当然不需要创造。但在商业语境下所说的"需求"，是对具体产品、功能或解决方案的需求。这个需求当然可以被创造出来。事实上，所有的商业需求都是被创造出来的。因此，"满足需求还是创造需求"的争论其实是一个毫无意义的伪命题。企业为了更好地满足客户的基本需求，就需要创造出他们对具体产品和解决方案的需求。

◎ 两种潜在需求

　　如何创造需求？需要从"洞察需求"开始着手。

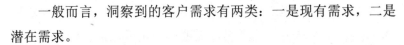

一般而言，洞察到的客户需求有两类：一是现有需求，二是潜在需求。

现有需求是已经存在但还没有被很好解决的需求。例如手机随身充的需求一直就有，但目前市场上还没有成熟的无线充电产品。

潜在需求是已经存在但还没有被激活的需求。例如，一个鞋厂的销售人员到非洲去，发现没有人穿鞋子，就失望而归。可是另一个销售人员去了，大喜过望，因为每个人都可能成为自己的客户。当地客户对鞋的需求就是潜在需求。可以说，所有没有被激活的产品需求都是潜在需求。

另一类潜在需求是将来需求，也就是受现有的理念和技术水平的限制，客户到将来才会出现的"需求"。例如，对电子皮肤、飞行车和个人潜艇的需求。在更远的将来，还可能出现对星际旅行、长生不老和时空穿越的需求，等等。因此，虽然人在身、心、灵三个层次的"天生"基本需求恒常不变而且数目有限，但消费者的潜在需求是无限的。

如果企业只是想更好地满足需求，那就重点关注已经存在但是还没有被很好满足的需求。以手机厂商为例，可优化电池功能和完善相机功能等。如果想创造需求，那么核心任务就是激活潜在需求，例如让非洲每一个没有穿鞋的人穿上鞋子。如果仍以手机为例，就是创造出对某种产品或功能的新需求，如手机的"感应功能"，或一种崭新的产品类别，如"投影式虚拟手机"，从而开创一个新市场或"蓝海"。

创造出来的需求大致有四个层次：一是对品类的需求，如早餐麦片；二是对产品的需求，如无糖早餐麦片；三是对性能的需求，如"松脆"的麦片；四是对品牌的需求，如家乐氏（Kellogg's）的麦片。企业最终需要创造出或激活出针对自身品牌的潜在需求。激活的需求层次越高（例如在品类和产品层次方面），就越容易开拓"蓝海"，进而实现快速增长。因此，企业要想实现突破，走上高速增长的快车道，就必须选择"创造需求"这条路。那么，企业如何创造需求，或者如何激活客户对"产品"的潜在需求呢？

◎ 创造需求的三个方法

按照从易到难的次序，一般有以下三个方法去创造需求。

第一，创造新场景。

需求和场景绑定。如果能够创造出新场景，就可能创造出新需求。经典的案例是家乐氏早餐麦片。这个产品最初的消费场景就是早餐。但是，现在的人越来越忙，没时间坐下吃早餐，导致家乐氏早餐麦片的销量下滑。为了创造新的需求，家乐氏推出了小包装"麦片零食"，这样就把客户对麦片的消费场景扩展到任意地点和任意时段。这些新场景就带来了对麦片的新需求。

索尼当年推出了改变世界的"随身听"，也是基于新场景的需求激活，即离开家在外面也能够随时听到音乐。以前听音乐，因为音响设备比较笨重就必须在家里听，很少人会有在户外听音乐的想法。但是，索尼意识到完全可以基于这个新场景打造一款产品，"随身听"从此应运而生，从而创造了新需求。"场景大师"宜家在这方面更加得心应手。宜家在中国台北闹市推出的"宜家百元店"、日本原宿的"宜家便利店"，以及中国各大城市的"宜家荟聚购物中心"等都是典型的场景创新，有效创造了新需求。

创新出新消费场景就会创造出新的消费频率。例如香槟。客户一般是在庆祝某个事件时才会喝香槟。但是这个特定场景的发生频率太低，给香槟的消费带来上限。为了创造新需求，香槟公司开始推出小瓶香槟，鼓励客户每天都可以为一些小喜悦和小成功而庆祝，从而提升了香槟的销量。全球最大的钻石厂商戴比尔斯（De Beers）也是这样做的。钻戒都是"婚戒"。绝大多数伴侣一生只买一只钻戒，属于超低频消费。为了创造新需求，戴尔·比斯开始推广"庆祝钻戒"，鼓励人们买钻戒庆祝人生其他的重大事件，而且每个手指都可以戴钻戒。这样就显著提升了钻石的消费频率和客户需求。

第二，创造新目标。

客户购买产品是为了用这个产品去完成一项工作或实现一个目标。例如，买钻头在墙上钻孔挂奖状是为了激励孩子学习。也就是说，需求不但和场景绑定，也和目标直接相关。什么样的目标决定了什么样的需求。

这里引用一个流传甚广的营销故事：如何卖梳子给和尚？和尚没有头发，应该没有对梳子的需求。但是，就算和尚没有梳头这个"消费目标"，我们可以给和尚创造新的消费目标，如"按摩头皮的保健目标"。根据新目标，重新定义梳子的内涵，即不是"梳头发"的梳子，而是"梳头皮"的梳子。另一个目标是让访客们感受到被关心，让他们休息时梳梳头，即"关爱梳"。其他的消费目标还可以是：给访客捐香火钱提供一个信物，此时梳子就成为"功德梳"，或者为访客提供可购买的纪念品，使寺庙获取收益，也让访客此行有丰富的体验和记忆，此时就是"纪念梳"。同样的产品，相同的场景，可以有不同的购买目标。这样新需求就创造出来了。

米其林是法国的百年轮胎企业，它的崛起完全是靠创造出了客户的"新目标"。当初，有车的人不多，对轮胎的需求也不高。米其林就想了一个方法——开始出版大名鼎鼎的"米其林指南"，上面列出法国各地的好餐馆。这样，米其林就创造出了出游的一个新目标——"品尝美食"。这个目标极大地激活了大家出游的兴趣和需求，也就激活了市场对轮胎的需求。

另一个例子是英国主要超市英佰瑞（Sainsbury's）。有一段时间，在另一家连锁超市乐购（TESCO）的打压下，英佰瑞的业绩很不好。于是英佰瑞就想出了一个方法：邀请了英国的一位名厨，在电视的美食节目里，把英国家庭最常吃的"肉酱意面"的配方给改了一下，加入英佰瑞独有的一种调料。这样就给家庭主妇来英佰瑞购物创造了一个新目标，就是"做出最美味的肉酱意面给家人吃"。自此英国客户对这种调料的需求大增，极大地带动了英佰瑞的总体销售业绩。

第三，创造新问题。

客户购买产品是为了"解决一个问题"。"需求"就是对解决问题的方案的获取愿望和最终购买行为。本质上说，对所有产品的需求都源于客户"问题"。那么，创造了客户"问题"，自然可以创造需求。"问题"可以看作打扰客户的一个情况，让客户在身心的某个层面"失衡"或者"不适"。创造问题就是创造痛点。客户有"问题"才会有"需求"。

例如，年轻人为职场发展而焦虑，这就是一个困扰他们的问题，让他们的身心不适。为了解决这个问题以让身心舒适，他们可能会参加线上课程来提高自我，或者去和行业资深人士交往等。

另外，人们喝矿泉水的目标就是解渴。但后来有些企业开始把喝矿泉水和定义个人身份和品味联系起来，推出了高端矿泉水。这时，这些品牌企业就给客户创造了一个新问题，即是否通过喝矿泉水来彰显个人的身份和品味。买了这些品牌矿泉水，人心理上感受好些，不买就感受差些，尤其是在社交的场合下。在饮水这个背景下，为了解决"身份定义"这个新问题，客户对高端矿泉水的需求就被创造出来了。

拼多多的出现也是给客户创造了新问题。以前网上购物去淘宝或京东，它们完全可以满足客户网上购物的需求。后来拼多多的出现给客户带来了一个新"问题"，就是怕错过买便宜货的机会。如果错过了，客户心里就有些后悔、遗憾。而买到了便宜货，客户内心会愉悦。为了解决这个心理问题，大量客户就对拼多多这种团购网上服务产生了旺盛的需求。

另一个例子是苹果电脑。个人电脑从诞生的时候起就是一个装在黑盒子里面的计算机器。它完全是一个冷冰冰的功能性产品。客户的问题是办公室工作中的"低效"，个人电脑有效解决了这个问题，但客户对电脑的外观并无要求。但是在 1998 年，苹果 iMac（一体机电脑）的出世彻底改变了这个行业。这款电脑不但好用，而且设计美观、温暖、充满情感，一下就抓住了客户的心。从此，不好看的电脑就让客户感到不适，对美观电脑的需求开始产生。

其实，绝大多数成功的产品或品牌都是因为创造了新问题，从而创造出新需求。因为客户感受到了这个新问题，不购买这个新产品来解决这个问题就会让他们感到不适。比如 iPhone 和特斯拉电动车等都是创造了问题，如 iPhone 让客户感受到了在户外用不了电脑和不能随时拍照的不适。特斯拉电动车让客户赶潮流的意愿和自己挂钩，好像不买特斯拉都无法充分表现出自己"很酷"。当年风靡一时的脑白金也是源于创造了"新问题"，即"不给父母送脑白金就是不孝"。在中国的文化背景下，这给客户造成了严重的心理问题。因为中国人都怕别人说自己不孝顺。因此，许多人会高调购买脑白金，让别人看到、知道。

创造新场景和新问题能够有效激活或创造需求。但是，如何更好地创造新场景和新问题呢？

◎ 创造新场景的三个方法

创造新场景一般有以下三个方法：

第一，让现有场景显现。

场景可能已经存在，可以让场景在客户的购买旅程中显现。这是超市和百货行业常用的做法，就是按照场景来摆放产品。例如按照圣诞节的消费场景把火鸡、葡萄酒、甜点、贺卡等同一场景的物品摆放在一起，也就是按照"整体解决方案"的理念来出售产品，这其实就是产品搭售（product bundling）。宜家也是运用场景的高手。宜家会按照家居场景来摆放产品，很容易让客户在鲜活的场景里产生新需求。

第二，进行场景创新。

场景包括"场"和"景"，可以从"景"的三要素（人、物和事）入手进行场景创新。在新场景下就会有新需求浮现出来。例如，这次疫情迫使各个教育机构进行场景创新，全球几乎所有大学都采用了线上教学的新场景。这个新场景就会创造出很多的学生新需求，如课程的精细模块化、线上的课后辅导和课程内容的娱乐化等。

第三，创造数字化新场景。

创造数字化新场景可以是将传统线下场景转移到线上，也可以是利用数字化平台创造客户旅程中的新场景。例如，各大航空公司基本把客户登机前的旅程数字化。航空公司在数字化场景下创造出了客户订车、订旅店等新需求。客户可以一键完成旅游消费的解决方案。

创造新问题也有几种方法，企业可以考虑按照自身的具体情况来加以运用。

◎　创造新问题的四个思路

如果新问题带来新需求，那么企业如何创造新问题呢？

第一，让潜在问题显性化。

有些问题其实存在于人的潜意识里，企业可以想办法让它显露出来。这种问题一旦"公开化"，就会创造或激活客户需求。例如，很多人都喜欢吃火锅，不但味美，而且有气氛。可是，吃火锅容易发胖。这恐怕是很多女性的一个顾虑。那么，如何创造客户对健康火锅或者减肥火锅的需求呢？就要把人们内心对吃火锅的内疚和负罪心理挖掘出来，然后打造新的品类，例如"好吃不胖"的火锅，强调食料健康，而且用中药煲汤，同时控制客户食用的量和调料用量。

当年，"真功夫"就是采用这种方法在中国快餐市场占得一席之地。大家都知道西式快餐不健康，但又认为西式快餐比较方便，味道也不错，而且孩子们很喜欢，所以会经常去消费。"真功夫"就把西式快餐给客户带来的一丝担心显性化了。"真功夫"

公开宣传西式快餐的"七宗罪"，同时宣扬"蒸"的多种优点，很快就获得客户的认可。

第二，把小问题变成大问题。

创造出的"客户问题"越严重，或"痛点"越痛，被激发的客户需求就越旺盛。因此，有时候问题本身是小问题，但可以把它变成大问题。例如，当年的脑白金就充分做到了这点。其实，一般人看望父母等长辈都会带些东西，表表孝心。但带什么东西和有多孝顺未必有什么关系。脑白金成功把自己变成了一个表现孝顺的工具，好像不送脑白金就不孝顺老人。在这种新问题的压力下，全国掀起了一股对脑白金的需求热潮。

另一个例子就是王老吉。其实上火不上火不是一个大问题，而且绝大多数人并不在意。而这个被放大的问题使王老吉乃至加多宝在前些年的销量大幅增加。针对身体排毒理念推出的一些产品也是遵循了这个逻辑。其实身体有自我净化和修复功能。但有意渲染身体排毒，给客户创造了一个新问题，也就可能带来新需求。

第三，把单问题变为多问题。

创造的问题越多，激活的需求就越多。因此，在了解客户现有的问题之后，还要不断帮助客户对现有问题进行扩展和升级，从单一问题变成多重问题，由此创造新需求。例如，新东方主要的"客户问题"是学员想在英文考试中得高分。但是在多问几个"为什么"之后，就了解到这些客户最终要解决的"问题"是能够留学。那么，解决这个问题仅靠英文成绩是远远不够的，还有"中介服务""接机服务""当地生活服务"等。当然，留学还不是最终的客户问题，而是毕业后找到好工作，有一个好前程等。

当帮助客户把这些问题不断展开并升级后，客户相应的需求也就被创造出来了。这时候，如果这些相关产品已经存在，就可以做"交叉销售"（cross-selling）和追加销售（up-selling）。如果这些相关产品不存在，就可以进行新产品开发和创新。

第四，专注客户的心理问题。

由前面的例子可以看出，创造出的客户需求"问题"大多和心理相关。这点在 C 端市场尤其明显。很多潜在需求都是心理需求和心灵需求所导致的产品需求。因此，创造问题要多关注可以被创造出来的心理问题。心理问题会产生新的消费动机或消费目标，也会激发新的情绪，而情绪才是需求的最大驱动力。

例如，宝洁旗下的吉列剃须刀进入印度尼西亚时，曾面临一个很大的挑战。印度尼西亚是伊斯兰国家，男性有蓄须的习惯。这样的市场又怎能卖出剃须刀呢？吉列当然不能通过改变宗教习惯和创造新场景来创造新需求，而是从客户的心理需求入手，创造了一个新问题，即剃须能让一个男人看上去更整洁干净，也能体现出他很有文化和修养。这其中的潜台词是，剃须的男人在异性面前会更有魅力，也会有更多的择偶机会和选择。如果蓄须，则会带来反面效果。这时，吉列成功地创造出了一个新问题，即"不剃须会让自己丧失吸引异性的能力"。这实在是一个非常强大的"心理问题"，由此迅速引爆了客户情绪，创造了对吉列产品的巨大需求。

当然，环境和趋势的变化也会带来新问题。例如，新型冠状病毒感染疫情给全球各个机构都带来了"沟通"的大问题，如无法见面，如何开会、交流、讨论和上课等。这个大问题带来了海量客户对线上视频服务的需求。此时，Zoom 和小鹅通等视频服务软件就很好地解决了这个问题，从而实现了高速增长。在这种情况下，客户问题不需要企业来创造，企业只需要抓住机会，尽快用高效的方法解决客户问题。

最后，创造客户需求并不是高不可及的，更非大企业的专利。其实，在这方面，中小企业更有优势。因为大企业有几个固有的问题（例如航道难以改变），所谓"船大难掉头"，"部门墙"厚重，只专注回报足够高的大项目等。创造客户需求则要求企业能够灵活善变，勇于试错并快速迭代，部门之间也可以高效协作等。在这些方面，中小企业显然更有优势。因此，中小企业一定要有勇气和信心，力争成为创造需求的主要推动力。

第七讲

如何打造一款好产品？

了解了客户需求，就要打造一款好产品来满足这些需求。

在讲产品之前，仍然需要强调一下需求的本质：需求源于客户问题。既然有问题才有需求，那么客户真正需要的是解决他们问题的方案，或解决他们问题的效能。更准确地说，是那个问题解决后的结果。这个效能和结果怎么交付并实现呢？很简单，就是通过产品。

❍ 产品的本质

这样看来，产品就是那个解决客户问题的方案，也是带给客户所期待结果的效能。因此，产品的本质不是零件和性能的集合体，而是无形效能的集合体。例如，手机不是电话、相机、录音机和掌上电脑的集合体，而是娱乐、社交、生产力和身份定义等效能的整合。更准确地说，手机是交付这些效能去解决客户问题或实现客户期待结果的平台。这是企业打造一切产品的出发点，即从客户的角度看待产品和产品战略。

有了这个正确的出发点，才能探讨如何打造一款好产品。

何为好产品？从结果来看，就是在市场上能够获得快速成功，并能够长期维持优势的产品。例如推出后很快就火遍全球的苹果产品，问世仅一年就达到上亿客户的微信，还有在全球疫情期间大放异彩的视频会议软件 Zoom。

从特性来看，好产品就是高效解决客户问题的产品。例如戴森吸尘器，吸力强劲，简单易用，美观大方，不但除尘效果极好，而且让客户有成就感，同时满足了客户的理性和感性需求。从操作来看，好产品是企业在客户问题、技术问题和商业问题之间找到的一个完美均衡点，给客户在正确的时间交付了正确的体验的同时，也实现了企业的商业目标。

◎ 打造产品的五个原则

打造出好产品是一个复杂的系统工程，当然很不容易。研究显示，80%~90% 的新产品刚一上市，就宣布失败了。这就是为什么真正的好产品可谓是凤毛麟角。要想成功，除了需要正确的战略、高质的人才、大量的投入之外，还有苦干和运气。尽管很难，但成功的产品还是有一些共性的。这里总结了打造产品需要遵循的五个原则，同时适用于 B 端和 C 端的产品。

第一，聚焦正确的客户问题。

什么是正确的客户问题？

首先，这个问题要真实存在。这个要求听上去似乎很容易达到，但令人吃惊的是，不少企业在这上面会犯错误，以至于美国著名创业和风投家保罗·格雷厄姆（Paul Graham）曾感叹："新创企业最常见的错误就是解决了一个并不存在的问题。"这是因为很多企业的产品团队过度关注技术和性能，反而把需要解决的客户问题给忽略了。

举个例子，加州企业 Herb & Body 推出过一款智能餐桌产品，就是带有音乐播放和变色灯光显示功能的食盐喷放器 Smalt。这个在家里和手机抢插座的奇葩产品，推出后立刻在网上被客户各种吐槽和取笑。很显然，这款产品需要解决的客户问题根本不存在。

当然，这种错误不局限于新创企业，拥有云丝顿和骆驼等知名品牌的美国雷诺公司（RJ Reynolds）也曾犯过同样的错误。该公司在 1988 年高调推出了无烟香烟。烟民抽烟就是为了喷云吐雾，所以根本没有这个需求。雷诺亏损 10 亿美元后不得不放弃这一产品。

很显然，以上两家企业都陷入了创意"自嗨"，没有为客户解决真实存在的问题。因此，产品成功的第一要务就是具备很强的"产品－市场契合度"（product-market fit）。很多企业在"没有找到钉子之前就去造锤子"，最后开发出来的产品毫无用处，客户自然不感兴趣。这是绝大多数新产品失败的主要原因。

怎样确定是否聚焦了正确的客户问题呢？可以看这个问题是不是符合"4U 问题"的标准，即紧急的（urgent），客户无法回避的（unavoidable），客户目前的方案是无效的（unworkable），目前市场上缺乏有效方案的（underserved）。如果要解决的客户问题符合这四个条件，产品开发就找到了突破口。当然，最好是能找到一个类似"头发着火"（hair on fire problem）这么紧急重要的问题。这时，就算产品的第一版本还有很多问题，客户也会急于使用。客户的反馈就可以帮助企业不断提高产品，而对这款产品的使用是最强有力的推荐。

例如，20 世纪 90 年代初期，互联网刚刚创建。客户对从互联网上获取大量信息有必要而又急迫的需求，但是当时市场上没有高效的网页浏览器。因此，马赛克浏览器（Mosaic）在1993年推出后，虽然有速度缓慢，而且不能同时下载多个图片、文件等问题，仍然迅速风靡全球，直到性能更优异的网景浏览器（Netscape）将它替代为止。

第二，聚焦高增长市场。

好产品不但要高效解决客户问题，还要能给企业带来持续增长。产品团队聚焦的客户问题不但要重要，还应该很普遍。这样就会有足够的需求来承载产品的大规模销售。

例如，美国的个人财务软件企业财捷公司（Intuit）的创始人斯考特·库克（Scott Cook）就是看到自己的妻子抱怨支付各种账单太过麻烦而获得了开发个人财务软件的灵感。他同时看到这是一个困扰每一个美国家庭的普遍问题。而当时个人电脑的兴起又让简单易用的个人财务软件有了高速增长的基础。基于这个判断，斯考特·库克在1983年创立了财捷。推出产品后财捷获得极大成功，并成为在个人软件应用领域极少数击败微软的企业。

另一个例子是谷歌地图的开发。谷歌的创始人拉里·佩奇（Larry Page）和谢尔盖·布林（Sergey Brin）早在2004年就发现25%的谷歌搜索和地图有关。他们马上意识到这是一个巨大的市场，于是投入重金开发了谷歌地图。今天，谷歌地图成为全球亿万客户使用频率最高的一款应用产品。可以说，"重要紧急问题"加上"足够大的市场"是形成好产品的两大条件。而找准客户正确的问题和正确的市场需要对市场有深刻的洞察，也是产品经理的核心职能。

第三，聚焦核心价值点。

核心价值点就是驱动客户购买的关键理由。好产品都有一个清晰又强大的核心价值点，并以此闻名。例如苹果的简洁、戴森的高效和谷歌的精准等。找到了核心价值点，新产品才可能在这个价值点上做到极致，快速穿透市场。例如，谷歌文档软件（Google Docs）聚焦核心书写功能，比微软功能臃肿的办公室软件 Word 更加方便简洁，因而受到年轻人的喜爱。

确定了目标客户，知道了客户急需解决的问题，以及客户所期待的最佳结果，产品团队就应该能够确定需要聚焦的核心价值点。但很多产品团队无法很清晰地讲清楚客户的真正需求，在做产品时好像觉得什么都重要，导致功能大而全，产品不聚焦。这便造成新产品往往功能臃肿，特征不明显。其主要原因还是没有找准客户问题，对目标客户的核心需求把握不清楚，所以不知聚焦何处。

由此可见，核心价值点是产品的灵魂，其后的产品规划和设计都应该围绕这个价值点展开。同时，这些核心价值点也是打造一个"最简可行产品"（MVP，minimum viable product）的基础。产品团队在没有把核心价值点做到极致之前，不应为任何事情分心。这时候需要对客户甚至老板说"不"。正如乔布斯所说："创新就是对一千件事说不。"这样才可能把"最简可行产品"变成客户的"最简可爱产品"（MLP，minimum loveable product）。

对任何产品而言，最重要的核心价值点就是"简洁"。这也是苹果、微信、谷歌、抖音、亚马逊和戴森等企业的产品成功的关键。伟大的产品绝对不能麻烦客户，它应该显著降低甚至消除客户在解决问题时所需要投入的努力。另外，对于客户而言，产品的核心价值点必须显而易见，即具有很高的"可视性"。例如，戴森强力吸尘器通过透明的吸筒，让客户直观感受其核心功能"高效"。

第四，实现显著的差异化。

只单纯聚焦核心价值点是不够的，还需要把核心价值点做到极致，以形成和竞争对手产品的显著差异化。什么叫显著差异化？伊隆·马斯克和美国著名创业和风投家彼得·泰尔（Peter Thiel）认为，产品要比对手好十倍，也就是要比竞品好过一个"身位"，形成代差。只有这样，产品才能颠覆市场的现有领袖或在一个新市场形成自然垄断。绝大多数成功的企业如亚马逊、优步、谷歌、脸书，以及早年的 SWATCH 手表等都是靠显著差异化的产品实现了突破。

但是现在绝大部分新产品往往只比现有产品好一些，差距根本不显著，都是所谓"渐进式创新"，所以无法引起客户的注意和兴趣。好产品必须在核心价值点上具有颠覆性，尤其是在技术驱动的市场。例如，谷歌地图为了在产品上形成显著差异化，不惜重金买下斯坦利自动驾驶汽车公司，专门设计了拍摄街景的汽车。谷歌还收购了 Skybox Imaging 卫星公司，发射自己的地球监测卫星来保证地图数据的完整和精确。

第五，专注于客户体验设计。

既然客户购买产品是为了获得解决自身问题的"方案"和最终结果，那么所有的产品本质上都是服务。在数字化时代，客户旅程日渐复杂，所有的产品不仅在于提供服务和效能，还在于创造客户体验。因此，好的产品必须是产品和体验的结合。从这个意义上说，产品开发和设计就是客户体验的开发和设计。

　　这样看来，确定了核心价值点后，产品开发的下一步就应该是完成客户体验的定义。也就是说，企业想给客户创造什么样的体验。一旦定下了体验设计原则，产品开发的每次努力都应从客户核心体验的角度出发，并永远不偏离这个方向。

　　这就是苹果公司的产品开发之道，即乔布斯所说的"逆向工作法"（work backward）。也就是说，一切产品开发都从客户体验出发，倒推出实现特定体验所需要的技术研发和产品设计要求。这是苹果公司成功的秘密之一。也就是说，客户体验主导产品的整个开发生产过程。因此，在苹果公司，产品设计师是产品开发的主宰。其他所有部门如研发、财务、人力、营销和供应链等都受其调动。为了确保客户的极致体验，苹果公司采取了极端做法：在产品制造出来之后，会做四到六周的测试和调整，这个过程可能重复多次，成本非常高，但很多体验问题都能在这个过程里被解决掉。

◎　客户体验设计的重要性

　　为什么体验设计在打造产品中如此重要？

　　其一，产品不但要解决问题，而且要以最好的方式解决客户问题。最好的方式就是在最大限度地降低客户麻烦和消耗的基础上，实现产品效能的最大化使用。也就是说，产品好用才能让客户充分提取出产品的核心价值点或效能，否则再好的产品功能也像茶壶里的饺子——根本倒不出来。因此，简单易用几乎是产品设计的最高原则。例如，苹果公司在 2007 年推出 iPhone 时，为了确保"简洁"这个核心价值点，果断放弃了一些重要的产品性能，例如"可返回控制""撤销功能"和"恢复功能"等。

其二，客户在产品的总体消费过程中有良好的体验，才会更高效地解决自身的"总体问题"。以清洗衣服为例，这个客户问题就至少包括"购买前""使用中"和"使用后"三个阶段。在每个阶段，客户都有不同的需求点和小问题。例如，获取产品信息、存放产品、选择最佳用量等。这个消费过程中的任何一个环节出现了体验痛点，都会影响到产品解决客户问题的能力。

因此，宝洁公司研发和营销人员每年都要做大量客户拜访工作，询问或观察客户的整个洗衣过程，以洞察整个洗衣过程中的各种需求。他们关注的是，客户在整个处理衣服的过程中会遇到什么障碍，宝洁如何能够帮到客户更好地完成洗衣任务。例如，为了让客户购买产品更为方便，宝洁和亚马逊合作推出一键购物按钮 dash。这是带磁铁的小按钮装置，可以吸在洗衣机门上。当客户发现洗衣粉快用完时，按一下就可以直接在亚马逊上下单购买。

可以看出，宝洁不仅专注产品，还力求为客户提供一个良好的总体消费体验，帮助客户更好地解决清洁衣物的问题。可以说，客户体验是"产品效能"和"客户问题"之间的桥梁，必须成为产品设计中不可或缺的一环。这就是产品开发的"旅程观"（process view），也就是，从客户的总体消费旅程的角度看待产品的设计，让产品无缝、自然地嵌入客户旅程中。

其三，产品不但要解决问题，还要打动客户的内心。良好的消费体验能够让客户产生欢愉的感受。这样就会显著提升客户对产品的满意度，不但自己会重复购买，还会推荐给他人使用。神经科学和心理学的前沿研究显示，人是情感动物，是情感和主观感受驱动他们的决策，而不是大家一贯认为的理性和事实。因此，客户情绪状态直接影响他们的消费行为。著名神经科学家安东尼奥·达玛西奥（Antonio Damasio）的研究甚至指出，如果一个人主管情感的脑区受损，他就完全丧失了选择的能力。而2002年诺贝尔经济学奖获得者心理学家丹尼尔·卡内曼（Daniel Kahneman）的研究表明，人的绝大多数决策是由他的第一系统，也就是情感直觉系统所驱动的。

因此，要想直接影响客户对新产品的采用和推荐，就要触动客户的情感和内心。也就是说，产品团队不但要设计出优质的产品体验，还要尽量优化客户的旅程体验，在整个旅程中的多个产品和服务触点准确把握客户情绪的变化，并给客户注入更为良好的情绪。这样不但会显著提升客户对产品的满意度，还能增大竞争对手复制的难度，从而形成有效的竞争壁垒。

○ 好产品源自价值观

当然，除了以上五个核心原则之外，打造一款好的产品还需要清晰的产品战略、合理的衡量指标、不断试错调整的机制和依据数据决策的习惯。产品开发完成后，在营销时自然还需要渠道和品牌建设。当然，打造好产品还需要能力超群的产品经理。运气也很重要。由此可见，一款好产品的问世需要天时、地利、人和俱足，的确很不容易。企业要想持续推出好产品就更难，这就要靠企业的价值观。价值观是一个企业最底层的东西，企业有什么样的价值观，就会做出什么样的产品。如微信、苹果和谷歌等都有鲜明的企业价值观。这样看来，企业价值观才是好产品的真正驱动力。

第八讲

如何打造产品的差异化？

打造一款好产品的关键，就是在产品的核心价值点上形成显著差异化。近几年在全球市场上飞速崛起的快时尚品牌希音（SheIn），就以速度著称，远超这个品类的全球领袖 Zara。例如，Zara 最少需要 14 天来完成一轮上新，而希音仅需 7 天。希音每月上新量过万，和 Zara 全年上新量相近。在如此强大的差异化驱动下，希音在欧美和中东市场极受欢迎。可以说，在各个行业都竞争激烈的红海时代，有了显著差异化，才会给客户在众多竞品中选择你的理由。这样才能确保企业的成功。

◎ 显著差异化的重要性

这里特别强调"显著"两个字。绝大多数产品自认为有差异化，客户却无动于衷，就是因为这些差异化不够显著，所以客户感知不到。例如，很多品牌汽车公司都说自己的车空间大、动能强、内饰好、省油……听上去好像与众不同，其实大同小异，根本无法引起客户的兴趣。

另一种情况是，客户可以感知到差别，但根本不会在意。例如，新加坡航空公司的特色服务，除了强调空乘人员的服务态度以外，还对空乘人员的着装有着严格的要求，力求塑造独特鲜明的"新航女孩"形象。甚至在机舱内使用专用的香味喷雾和毛毯、枕头，让乘客对新航形成独特的嗅觉和触觉记忆。但是，这些服务上的"差异化"对客户的飞行体验没有什么显著的改善，属于无效的"弱差异化"，并不能带来业绩的明显提升。

真正的产品差异化必须是在核心价值点上形成一个"身位"的代差。这就是伊隆·马斯克和彼得·泰尔（Peter Thiel）所说的"比对手好十倍"。在这种情况下，客户才能明显地感知到差异化，而且能够产生强烈的兴趣。例如，对于航空服务而言，真正的差异化是经济舱个人空间的显著扩大和飞行时间的明显缩减。

这样的差异化也就可以改变客户的消费观念和购买行为，带来对市场的颠覆。例如，苹果公司在 2007 年推出的第一代智能手机，简化按键，采用触屏。更重要的是，它装载大量的应用软件，实现了极其丰富的功能，完全把手机变成了带有手机功能的掌上电脑。而且，苹果手机设计美观，成为客户身份和品位的象征。这样苹果手机就和诺基亚的传统手机形成了极为显著的差异化，由此迅速颠覆了全球手机市场。可见，只有这样的"显著"差异化才能从根本上超越竞争对手，获得持续的成功。

○ 更好地理解"显著差异化"

如何打造具有显著差异化的产品呢？

第一，要消除一个常见的误解，就是打造显著差异化的产品必须在技术上实现关键突破。当然，技术突破或激进式创新的确是形成显著差异化的一个极其有效的手段 [例如，谷歌的自驾车、特斯拉公司的超级高铁（hyperloop）和马斯克创立的

Neuralink 公司的脑机接口芯片等都体现了这一点]，但绝不是产品形成显著差异化的必要条件。

第二，差异化是相对于竞品而言的。因此，清楚地定义竞品很重要。但谁在和谁竞争，这个问题其实并不容易回答。产品之间的竞争不是在货架上，而是在客户心中发生。只有从客户的角度来看，才能真正看清谁是你的竞品。

例如，前面讲过的奶茶店，从产品角度看，竞品是其他品牌的奶茶和其他热饮。从客户角度看，该奶茶店的竞争对手则是所有为"客户问题"提供解决方案的商家。那客户想用喝奶茶解决什么问题呢？在不同的场景，客户可能有不同的问题要解决。

如果客户通过消费热奶茶需要解决的问题是"繁忙生活中的自我犒劳"，那么巧克力、软饮料，甚至奶油面包、坚果零食都可能是奶茶的竞品。因此，找准了客户需要解决的问题，也就找准了竞品。这样才可能针对它们，实现产品的显著差异化。

那么如何打造具有显著差异化的产品呢？最直接的方法就是"品类创新"。

◎ 品类创新的定义

首先，要先理解什么是新品类。简而言之，新品类就是围绕一个新的核心价值点而打造出的产品新类别。这个新价值点往往会以一种新的而且是更好的方式来解决客户的问题。因此，新价值点通常会创造出新需求，从而开创一个新市场或蓝海市场。更重要的是，因为新价值点解决客户问题的方法如此不同，所以客户往往不会把它和竞品混为一谈，而会在认知上打开一个新的空间来承载它，并给予它一个新的标签和含义。

例如，优步和滴滴就是典型的新品类。和传统出租车相比，优步和滴滴提供了手机打车并付费的简易方便新效能，让人免除站在路边招手打车之苦，很多过去不坐出租车的人也开始进行这种消费，从而开创了一个高速增长的新市场。在客户心中，优步和滴滴不是"公共"出租车，而是"个人"出行服务，是一个在根本上有别于出租车的新品类。

归纳一下，新品类至少要符合两个条件：第一，新核心价值；第二，新含义。一般而言，成功的新品类往往还需要依托新市场和新商业模式，这就是品类创新成功的双轮驱动。例如，优步和滴滴都是开拓了新市场，同时采用了和传统出租车完全不同的商业模式，才实现了市场的快速突破。

品类创新是企业常用的新品开发手段。但是，绝大多数所谓的新品类都不满足上述两个基本条件。例如儿童安全地板、亲子酒店、绵柔型白酒、假日女装、凉白开瓶装水等所谓的新品类，都没有创造出一个真正新的核心价值点，而是基于现有的产品价值试图打造出一个新概念或新含义。然而，新含义必须有显著"改变客户行为和感受"的新价值点为支撑，才能在客户心智中形成。因此，这些都属于"伪品类创新"。

⚪ 品类创新的三个思路

明白了什么是新品类，如何做品类创新呢？

一般有三个常用的思路。第一，从产品入手；第二，从技术入手；第三，从客户入手。

从产品入手有两种方法——品类混搭和品类移动。

品类混搭就是把两个品类融合在一起而形成新品类。例如，苹果的 iPad 本质上就是一个大号的智能手机和平板电脑的混合体，SWATCH 手表也是由手表和时尚饰物搭配而成，还有现在正在发展的飞行车也是汽车和飞机的融合。这是打造新品类最常见的做法。

品类移动就是把一个目标市场的产品转移到另一个目标市场，最常见的就是把传统的 B 端产品移到 C 端市场。例如豆浆机和咖啡机，以前卖给豆浆店和咖啡店，后来这些企业推出了家用款，这样消费者在家也能做出豆浆和咖啡。这样就打造出了新品类。

当然，把传统的 C 端产品移到 B 端也可以形成新品类。例如，加拿大著名的太阳马戏团（Cirque du Soleil），以前是针对大众市场的传统马戏，后来因为孩子们不再钟爱这种娱乐形式，就转型做高端歌舞杂技表演，专注于企业和高端客户，也成功打造了一个新品类。

品类移动还有几种情况，就是可以把传统女性产品移至男性市场，例如男性美容产品；或把孩子产品移至成人市场，例如成人版乐高；还可以把产品移去另一个完全不同的市场，例如美国日用品企业丘奇 & 德怀特（Church & Dwight）的小苏打也作为清洁剂出售。

从技术入手也有两种方法，一是"品类升级"，即顺应新技术时代对传统品类进行升级而形成新品类。最好的例子就是互联网带来的海量新品类，如线上超市、线上大学和线上银行等。苹果的早期产品 iPod 也是一种品类升级。其实"随身听"这种产品早就存在了。20 世纪 90 年代后期，苹果公司看到了数字化技术正在成熟，同时也看到客户对"个性化音乐"的诉求，就率先打造出"数字化随身听"这个新品类。曾经风靡一时的 iPod 就这样横空出世了。

二是"品类集成"，就是利用新技术将分属不同产品类别的功能整合到一个产品平台上。还是以苹果公司为例。2007 年苹果公司推出的智能手机 iPhone，兼具掌上电脑、电话、照相机、摄像机和录音机等产品功能，开创了一个改变世界的新品类。目前来看，人工智能、虚拟现实、区块链等技术平台都是传统品类进行"品类升级"和"品类集成"的契机。

从客户入手也有两个维度：第一，客户问题；第二，客户场景。

先讲"客户问题"维度。本质上讲，品类创新就是应对客户问题的一种新解决方案。因此，要想进行品类创新，企业就需要从宏观视角看客户需要解决什么问题、实现什么目标，而不是看他们需要什么性能。用伊隆·马斯克的话说，就是要遵循"第一原则"的思维方式。

优步便是一个典型的品类创新。实现这个创新的出发点不是如何提升客户的出租车体验，而是如何更好地解决客户的出行问题，从而打造出一个和出租车完全并列的新品类，而非一种更好的出租车服务。

爱彼迎是另一个非常成功的品类创新。实现这个创新的出发点不是如何提升客户的住宿体验，而是如何更好地解决客户的"游览观光"问题。因此，爱彼迎不是一种新的住宿形式，而是代表一种新的体验方式，甚至是生活方式。爱彼迎提供的不仅是住宿，还是对当地生活的一种深浸式独特体验，从而打造出一个和传统旅店完全不同的新品类。

　　"客户场景"维度就是要关注客户使用产品的场景，然后从"消除痛点"的角度出发，打造新品类。例如，美国一家公司Modobag推出的可骑式便携行李箱就是基于这样的考量。客户出行的一个主要问题就是行李箱太重，再带上孩子就更麻烦了。当然，一般的旅行箱会用"万向轮"来解决这个问题。但是如果考虑到"在机场"这个客户场景，"万向轮"远远无法满足客户对"轻松出行"的需求。因此，该公司打造出这款如同微型摩托车一样的便携旅行箱来解决客户问题，不仅可以减轻客户拖行李的负担，还能直接代步，让客户骑在上面轻松地抵达目的地。

　　当然，也可以针对"客户场景"进行品类创新。例如，这两年流行的水果麦片，可以直接食用或煮食。这个新品类的产生，就是考虑到客户可能在工作时或休闲时食用。燕麦的食用场景因此得以延展。这类创新必须有真正的新价值点为支撑。

　　图8-1总结了品类创新的三个思路。

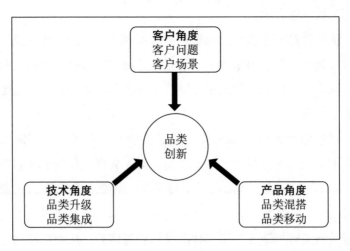

图8-1　品类创新思路

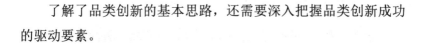

　　了解了品类创新的基本思路，还需要深入把握品类创新成功的驱动要素。

◎ 品类创新成功四要素

　　第一，正确地定义新品类。

　　新品类意味着新含义，不然客户无法在心中为这个产品拓展新空间。因此，定义品类"是什么"非常重要，这就是品类的含义创新。品类定义的要点是借力打力，和现有品类或知名品牌形成联结，但要有显著不同。例如"电子书"的定义就比"移动阅读器"更让人容易理解和接受。用现有大品牌进行类比也是一种常用的方法。奈飞（Netflix）在创立初期自称是"流媒体领域的苹果"，很快就在客户心中建立了对于奈飞这个新品类的认知。

　　在定义新品类时，还要深刻理解客户当下的品类含义认知。例如，若想依托矿泉水打造新品类，一个想法可以是加入维生素或营养素的保健型矿泉水。但客户的品类认知可能是"矿泉水就是要纯净，无添加物"。那么上述品类可能无法获得客户的认可。

　　第二，开拓新市场。

　　一般而言，成功的新品类都专注于新目标市场。例如服务于边缘用户、游离用户和非用户，再把他们变成主流用户。一个开拓蓝海市场的新品类成功的可能性会高很多。例如，任天堂开发的运动游戏机 Wii 就是把电子游戏的非用户，如孩子、老人等转化为用户，从而获得了巨大的成功。SWATCH 的成功也是这样。SWATCH 聚焦以前从不购买手表的年轻一代，创造出一个体量巨大的新市场来承载自身的增长。

第三，采用新商业模式。

成功的品类创新背后往往有一个非常匹配的新商业模式。其实企业核心和本质的差异化就是商业模式的差异化，而商业模式的差异化也是最坚固的竞争壁垒。赛福时（salesforce.com）在1999年创立时，就大力推动它基于"软件即服务"（Saas）理念上的客户关系管理系统。这种理念把单个软件产品变成企业终身服务，不但在品类性能上，而且在商业模式和竞品上产生了显著的差异化，为客户提供了优异的新价值。

第四，运用新营销手段。

很多情况下，新品类会聚焦蓝海市场，所以往往需要新的营销手段。SWATCH选择全球年轻一代作为目标市场。和传统手表企业相比，SWATCH采取了非常独特新颖的营销手段，例如举办面向年轻人的音乐节，在闹市区设立有关手表的专门小店和快闪店等。

◎ 打造品类创新的组织能力

当然，品类创新不是轻而易举就能成功的。企业必须注意以下三点：

其一，建立包容错误、鼓励尝试的创新文化，同时提高自身对风险的接受能力。

任何创新都有风险，品类创新也不例外。企业要有一种鼓励试错的创新文化，这样才能够激活团队，同时吸引创新型人才的加盟。只有具备了一种特立独行、敢于颠覆的态度，并敢于在风险项目上加大投入，企业才有可能创造出改变市场格局的新品类。

其二，实施品类创新需要企业建立一种不同的组织能力，例如横向思维能力。除此之外，还需要多元化背景的团队，更加注重长期效果的考核机制和跨部门的沟通等。建立新的组织能力，对很多企业而言并不容易。企业的惯性往往会扼杀品类创新的可能性。因此，很多时候，负责品类创新的团队最好和总部分离，独立运作，不被现有思维和流程束缚住。例如，腾讯的微信团队就在广州，尽量减少深圳总部对它的影响。

其三，创建"打入"壁垒。

真正有意义的差异化必须有竞争壁垒，品类创新也不例外。尽管新品类创新者可以通过先发优势在客户心中建立一定的认知壁垒，如品类代言所享受的种种认知优势。但仅有这种心智壁垒是不够的，企业还需要在技术层面、客户关系（或客户连接）层面、运营层面、品牌层面和商业模式层面建立全方位的壁垒。除了技术壁垒之外，另一个强大的壁垒是生态系统壁垒。苹果强大的主要原因就源于它强大的生态系统。这也是三星和华为最需要跨越的竞争壁垒。

品类创新不但可以形成产品显著的差异化，也可以帮助企业实现突破和快速增长。研究表明，对于大企业而言，75%的业务增长都来自品类创新。对于中小企业而言，品类创新几乎就是实现突破的唯一手段，例如优步、特斯拉、爱彼迎和拼多多等都是靠着品类创新打开了局面。谷歌前任资深高管，曾负责其黑科技实验室的埃斯托·泰勒（Astro Teller）曾说："最让人吃惊的一个事实是，打造一个好10倍的产品往往比把现有产品提升10%要容易得多。"因此，品类创新绝不是一个遥不可及的目标。中小企业不但要勇于尝试，而且要让品类创新成为自己独特的组织能力，这样才可以以小博大，并最终在市场上获得领导地位。

第九讲

如何做好产品体验设计？

产品要有显著差异化，才能在市场竞争中获得优势。但是，就算具有显著差异化，产品也未必在市场上能获得成功。从"显著差异化"到"市场成功"还需要关键的一步，就是好的产品体验。如果产品的成功可以用一个公式来概括，那就是"显著的产品差异化＋良好的产品体验"。那么，如何才能设计出良好的产品体验？

◉ 良好的产品体验很重要

每个人都用过成千上万种产品，但是很多人的亲身经验说明，很多产品其实不好用。例如，公司的复印机总找不到想用的功能，家里的电视遥控器也有很多不知其功能的按键，甚至逛个商场也会因为路标不清楚而经常迷路或找不到厕所。就连公共场所的有些门，也让人搞不清楚到底是该推还是该拉。

这种糟糕的产品体验一定会让用户沮丧，有挫折感，甚至愤怒。最后的结果很可能是很少用或不再用这个产品。而且用户很可能会向朋友抱怨，提醒他们远离这些产品。

从产品设计的角度来讲，用户拒绝使用就标志着产品的彻底失败。可见，只是打造出来一个具有显著差异化的产品还远远不够，这个产品不但在功能上要明显优于竞品，而且一定要很"好用"。这就是产品体验设计的核心原则——易用性（usability）。产品可以理解成一个装满功能的容器。这个容器必须要很容易打开，不然用户根本无法取出这些功能来使用。因此，没有易用性，产品的功能根本发挥不出来，就像茶壶里的饺子倒不出来。

苹果、亚马逊、戴森、谷歌等企业产品之所以在市场上获得成功，除了它们功能强大之外，最重要的就是它们具备极高的易用性。易用性设计到什么程度才算成功？很简单，就是用户在使用产品的时候根本不需要用脑子，整个过程完全是轻而易举、毫不费力（effortless）的。

例如，哪怕第一次使用苹果手机，只需要看到按键符号，就知道哪个是打电话，哪个是发短信。一旦用户在使用产品的时候需要琢磨如何使用，那么这款产品就可视为失败。产品必须要设计成"重度傻瓜型"，根本不用解释，任何人都自然懂得怎么用。就像白居易当年写诗，一定要确保不识字的老人家都听得懂才行。这是产品体验设计最重要的原则。

◎ 易用性的五个原则

如何使产品具备"重度傻瓜型"的易用性呢？企业可以遵循五个基本原则。

第一，可视性（visibility）。

可视性就是在设计产品的时候尽可能用可视化的元素来传递产品如何使用。也就是通过设计，让产品具有清晰的自我表达能力，用户一看就知道怎么操作。例如，进入谷歌或百度搜索，就是一个明显的输入框，用户不用琢磨就知道要把搜索的内容填入输入框里，然后按回车键即可。可是，当年比谷歌更早称霸搜索市场的雅虎，则是界面复杂混乱。用户上了雅虎的页面，要研究半天才知道怎么用。这就是使用方法的"可视性"很差。

对于比较复杂的产品，可视性设计要确保产品设计者头脑中产品使用的模型图（conceptual model）可以通过产品外形、产品包装上的使用简介和产品使用手册清晰明了地传达给用户。也就是说，一定要确保产品在成型后，自己就能够清晰大声地告诉用户：我应该被这样使用。从这个意义上讲，要把产品理解为一个自我发声的交流沟通工具，而不只是一个装载功能的容器。因此，在产品设计完成后，一定要问问自己："我的产品会说话吗？"如果答案是肯定的，那么你的产品设计就具有较高的可视性。

可视性的另一面就是，产品的关键功能和重点内容一定要突出，例如重要功能的按钮要足够大。对于互联网产品而言，最重要的信息要在产品页面上用最大的字体来表达，而且要删除所有无关紧要的信息。同时，页面各要素之间还要保持一定的间隙，避免相互干扰。因为用户浏览网页不是专心"阅读"而是快速"扫视"（scan）。只有主次分明，产品可视性的目标才能实现。

第二，直观性（affordance）。

直观性是说产品的设计要符合人体工程学。直观性和可视性的差别是，可视性强调的是把使用方法和产品功能用可视化的元素表达出来。例如，在苹果的 iPhone 中，一个倒扣的红色电话筒就表示挂电话，一个绿色的向上的电话筒，就表示接电话。这便是可视性。

　　直观性强调的是产品本身的操作要符合用户的直觉和习惯。例如，人的习惯是看到面前的横杆，就会下意识地去推；而看到竖杆，一般就会去拉。在设计门的时候，如果想让人推门，就把门把手设计成一个横杆；如果想让人拉门，就把门设计成一个竖杆。另外，水龙头开关如果是圆形的，人很自然地就会想去转动；如果是把手形状的，人就会去扳动。

　　另一个例子是，人看到一个凸起物，直觉就是去按一下。如果想让人点击网页上的某个按键，就要把它设计成一个凸起的形状。最经典的例子就是 iPhone 的滑动触屏。它和人的自然行动习惯非常吻合，就是幼童也知道如何操作。由此可以看出，苹果设计具有极强的直观性，所以非常好用。

　　第三，方便性（convenience）。

　　方便性是指要让用户完成一项工作需要进行的操作步骤尽量最少，例如"只需一次点击即可完成"。苹果和亚马逊之所以容易使用，是因为它们的产品要求用户所做的事情都非常精简，如 iPhone 的单功能键操作和亚马逊的"一键式购物"（one-click shopping），可谓"触手可及"。但是很多产品都不是这样。

　　例如，曾经风靡一时的黑莓手机。虽然收发电子邮件是黑莓手机的核心价值点之一，但是黑莓手机的小键盘设计让这项操作变得相当困难，用户在输入信息时会频繁出错。还有一个例子是知乎。用户每次点击知乎网页版上的文章，都会跳出一个超大的界面，要求访客扫码登录知乎应用软件，硬生生打断了用户的阅读过程，可以说是有意给用户制造麻烦。

　　第四，自限性（constraint）。

　　为了帮助用户避免操作失误，最直接的方法就是通过设计，让错误的操作无法发生，也就是说，为产品设计一种自我限制的功能。这就是产品的"自限性"。

例如，汽车的方向盘只能左右转动，其他方式的操作都被限制住了，根本无法发生。而飞机的操纵杆只可以推拉，不能转动，这也是一种被限制的操作。日常使用的电脑、手机或者照相机的设计也经常利用"自限性"的原则。例如，这些产品中的SIM卡，只有一种方向可以插入，方向错了就插不进去，这样就避免了错误操作的发生。

当然，除了这种物理上的限制，还有逻辑上的限制。某些操作其实不符合人们的日常逻辑。例如，每个人都知道，要想骑自行车，就要坐在车座上，而不是坐在车的横杠或者车后面的载物架上。因此，如果用户买了一套自行车的乐高玩具，在装配的时候，用户一定会把小人安置在车座上，而不会出现错误的操作。设计产品时也可以利用这种逻辑上的限制来避免用户出错。

第五，反馈性（feedback）。

反馈性就是指产品要给用户提供充足的反馈，也就是说，产品在被用户使用时不能保持"沉默"，而要具有能和用户"对话"的能力，随时让用户知道他们使用产品的方式是否正确，以及使用产品的效果。例如，LG在2007年推出的Viewty智能触屏式手机，如果用户手指触到数字显示的正确位置会微震一下，从而提示用户"触对地方了"。其他常见的产品反馈还有电脑和手机充电时显示电池的盈满度，让用户实时了解电量，以及输入密码错误时系统给出的警告等。

戴森吸尘器的反馈机制就做得非常到位。戴森吸尘器采用透明的吸桶，用户在使用时可以清楚地知道到底吸出了多少灰尘，非常有成就感。这样就会进一步刺激用户来使用。尽管提供反馈很重要，但缺少反馈是产品设计中一个普遍存在的问题。

再强调一下，确保"易用性"是产品体验设计的第一要务（产品易用性五原则见图9-1）。可以说，体验设计的最重要原则就是让用户"无脑"操作！

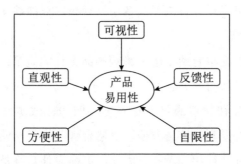

图 9-1　产品易用性五原则

◉ 产品体验差的核心原因

以上五个原则看上去很简单，但是很多产品都做不到，甚至行业领袖也经常推出用户体验不佳的产品。为什么呢？主要有个人和组织两方面的原因：

从个人层面讲，有两个因素影响产品设计的质量：第一，能力偏差；第二，认知偏差。

从能力角度来看，产品设计是一个跨学科领域，具有相当的难度。好的产品体验设计要求设计者掌握多元的能力。例如，软件工程师除了要有编程能力，还需要对用户行为学、心理学、设计学和美学等都有了解，才能设计出功能良好、体验优异的应用软件。而真正具有这种综合能力的产品设计人员并不多。

认知角度的原因更为关键。每个人都有天生的认知偏差，对自己喜欢或不喜欢的产品有很强的感觉。同时，人会倾向于认为他们喜欢的产品别人也会喜欢。这两种认知偏差往往是在潜意识层面不易被人觉察到的。因此，带着这些自己都没有意识到的偏差，设计者往往在设计自己心中喜欢的产品，但未必是用户喜欢的产品。可见，设计者需要具备用户视角，要能够从用户的角度看待一切。

从组织层面也有两个因素影响产品设计的质量：第一，多重目标；第二，部门冲突。

一个产品往往要满足多重目标，例如低成本、较高的制造可行性、采购便利、零售方便、价格合理、满足企业的盈利目标等。这些目标往往相互矛盾。因此，产品设计最终是一个妥协的过程。职位最高的人最后拍板时都会先考虑是否满足自身的目标，这就很可能牺牲用户的最佳体验。

当然，还有一个因素也不容忽视，那就是不同部门之间的冲突，最常见的冲突就是市场营销人员和设计人员的对立。他们的专业背景不同、偏好不同，对理想产品的定义也有显著不同。例如，技术人员认为的好产品就要包含很多"酷"的技术元素，而市场人员喜欢更时尚、更符合近期大众偏好的形象。可惜的是，很可能这两个都不是用户真正喜欢的。

◉ 确保产品设计质量的两个条件

基于以上原因，企业要想做好产品体验设计，必须做到以下两点：

第一，树立"以用户为中心"的产品设计理念（human-centered design）。全球知名设计和创新公司 IDEO 大力推广的"设计思维"（design thinking）的本质就是"以用户为中心"。大部分用户体验不佳的产品，都是出自以"技术为导向"或"以自身为导向"的思维惯例。这种坏习惯必须打破。

第二，聘用和培养多元学科背景的人才，即所谓"T"形人才。这类人才的能力储备比较丰富，既有深度，又有广度。这样的人才自然稀缺。在培养这类人才方面，企业可以学习华为的轮岗制。在华为，除了技术骨干，员工大概每三年就要轮换到其他岗位。这样企业就建立了自我孵化复合型人才的机制。这种人才善于用各种视角看待问题。对于产品设计这种需要顾及方方面面的工作，复合型人才具有天生的优势。

◎ 打造产品的欢愉性

当然，打造优质的产品体验，只专注于产品的易用性还远远不够，产品体验设计还要更上一层楼。提升的方法要基于对产品完整结构的深入理解。

美国心理学及工业设计学专家唐纳德·诺曼（Donald Norman），提出了产品的"三体"模型。他认为，所有的产品都是一个"三体"，包含"感官层"（visceral）、"功能层"（behavioral）和"内涵层"（reflective）。产品的"感官层"满足用户的五个感官系统，即眼、耳、鼻、舌、身，它会直接并迅速引发用户发自内心深处而不加思考的强烈的本能反应。产品的"功能层"是产品的主体和本质，为用户提供解决问题的效能。产品的"内涵层"则陈述产品的内涵和意义。例如，智能手表既代表技术创新，也承载时尚奢侈品的含义。

　　前面讨论的"易用性"就是产品的理性设计，而"感官层"和"内涵层"是产品的感性设计。一个良好的产品体验必须覆盖感性和理性体验，也就是在产品的这三个层面都要有所作为。因此，除了产品体验设计的第一原则"易用性"之外，我们还要考虑产品设计的第二原则，即"欢愉性"。

　　也就是说，产品足够好用还远远不够，还要让用户使用时感到欢愉，即产品不但要解决问题，还要打动用户的内心。著名神经学家安东尼奥·达玛西欧（Antonio Damasio）教授和行为心理学家丹尼尔·卡尼曼（Daniel Kahneman）教授的研究都指出情感驱动决策。产品只有触发用户情感才能驱动用户的购买行为。同时，触动用户情感的能力很难被复制，也就形成了竞争对手难以跨越的情感护城河。那么，怎么打造产品的"欢愉性"呢？

　　总体来说，就是要让产品的形象、材质满足用户的"五感"，即视觉、触觉、听觉、嗅觉和味觉。其中最重要的就是视觉。产品的形状、颜色就像一个人的容貌、着装一样，直接影响用户的第一印象，所以产品必须做到美观好看，让人"赏心悦目"。苹果、乐高、可口可乐、优衣库、迪士尼和星巴克等都是在这方面打动了用户的内心，为用户带来欢愉的体验。其次是听觉。随着产品日益数字化和虚拟化，声音元素在产品体验设计中越来越重要。宝马有一个百余人的团队，专门研究汽车发出的各种声音，并让这些声音悦耳动听。英特尔和万事达卡也非常注重各自品牌的音律。

　　对于有形产品，触觉对打造产品的"欢愉性"也很重要。宝马深谙此道，例如采用高质材料制作汽车表盘和座位等。苹果对此更是关注。苹果强调打造产品极致的"开盒体验"，即开盒力度不紧不松，乔布斯甚至亲身参与这项设计中。产品气味是旅店服务业、餐饮业、食品业和一些耐用品如汽车都非常用心设计的另一个感官元素。

随着人工智能、虚拟现实等技术的发展，到了后数字化时代，很多东西都将虚拟化。用户触摸产品的欢愉性似乎不再有相关性。事实上正相反。今后虚拟世界一定会越来越像真实世界。随着技术的发展，用户完全可以通过像电子皮肤等科幻式的可穿戴设备，对虚拟产品产生真实的感受。因此，产品的"欢愉性"今后会更加重要。

第三个产品体验的设计元素是"内涵性"。它涉及产品的品类定义和品牌建设，将在品牌战略部分讨论。总之，打造良好的产品体验，除了产品的"功能性"，还要打造出产品的"易用性""欢愉性"和"内涵性"。如果企业遵循这些原则来设计产品，那么其产品就会同时满足用户的理性和感性需求，很有可能在市场上大获成功。

第十讲

如何影响客户决策？

根据客户的需求做出了产品，下一步就是促使客户购买产品。否则，客户的需求无法满足，企业的利润更无法实现。可见，购买是连接需求和产品的桥梁，也是整个商业活动中最重要的一环。从这个意义上说，一个企业市场营销战略的最终目标，就是去影响客户的决策，促成客户来购买自己的产品。因此，深入了解客户如何做出购买决策对一个企业至关重要。

客户是如何做出购买决策的呢？

◌ 客户决策方法的主流观点

关于客户决策，主流理论的描述如下：当客户遇到问题，需要决策的时候，他们会遵循一个五步骤过程，即确认需要、信息搜索、选项对比、完成购买和售后评估。这个过程对应的就是"决策漏斗模型"。

例如，假如客户想买一台冰箱，首先，他会关注各种冰箱的品牌，然后对各个品牌的优劣进行分析和对比。在这个过程中，客户就会不断排除不合意的品牌。最后剩下的品牌，一定是综合得分最高的，也就是会被他选择购买的品牌。决策刚开始的时候，

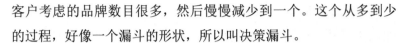

客户考虑的品牌数目很多，然后慢慢减少到一个。这个从多到少的过程，好像一个漏斗的形状，所以叫决策漏斗。

这个客户决策模型，听上去好像合情合理，但其实有缺陷。主要是因为它做了两个假设：

第一，客户都是理性的，他们会首先收集关于产品和品牌的信息，然后仔细对比，最后"择优录取"。

第二，客户的决策过程是线性的，是朝着一个方向，按部就班地走下来。

先说第一个假设。什么叫"理性用户"？就是用户会客观地收集相关的品牌信息，然后对各个品牌的好坏优劣做一个合理的评估，并做出排序，最后冷静地选择得分最高的品牌来购买。

客户真是这样做决策吗？在购买产品或选择品牌的时候，到底有多少人会进行客观冷静的分析，并走完上述五个步骤之后，再做出一个理性的选择？有人可能会说，在买美妆用品、零食、生活用品或看场电影时可能不会让自己这么麻烦，但要是买车、买房或者选购其他大宗商品时，一定会认认真真地走完上述决策过程。

尤其是当一个人代表公司购买产品或服务的时候，自然会对待选的产品做出细致客观的分析。在大多数情况下，还会收集很多数据，然后经过谨慎的思考和对比，再决定采购哪家公司的产品。这是常识，自然无须讨论。

但真实情况和上述理论大相径庭。

◎　决策的第一系统和第二系统

著名的心理学家，2002 年诺贝尔经济学奖得主丹尼尔·卡内曼（Daniel Kahneman）教授，用了一生的时间来研究这个问题。他发现，人在做决策时其实非常不理性，大多数情况下用户根本不会想太多，更不会花费心思去收集那么多的信息或数据来进行分析。

相反地，用户往往凭直觉或情感快速做出决策。做出这些决策后，再去找一堆理性的理由说服他人，当然也包括说服自己，称为"事后合理化解释"（post rationalization）。这才是人决策的真相。这个理论就是由丹尼尔·卡尼曼而发扬光大的著名的"第一系统和第二系统"理论（system 1 vs. system 2）。

再具体一些，这个理论认为，人的大脑中有两个并行的决策系统，即第一系统和第二系统，类似电脑中放置了两个中央处理器。

第一系统依赖直觉、经验和情感，快速做出决策，它的运作过程是自动和时刻进行的，甚至是一种无意识和潜意识层面的活动。

例如，一个人在逛商场的时候看到一家奶茶店，看到图片上有一款奶茶，上面有厚厚的奶盖，又闻到了空气中飘浮的奶香，消费欲望马上涌起，立刻就买了一杯奶茶。这个消费者当然不会把商场内所有卖热饮的店都转一遍，相互比较之后再决定喝什么产品。这就是第一决策系统在起作用。

第二系统依赖推理、逻辑和数据，也需要高度的注意力，是一个慢速的决策系统。

例如，一个人打算申请一份房贷，市场上有几个选择，需要决定哪一家最合适。这时，他会启动第二系统来解决这个问题。在做决策时他会仔细看，认真比对利率、风险等，甚至会找朋友咨询。第一系统和第二系统在头脑中同时运作，但是驱动人决策的主要是第一系统，而第二系统大部分时间处于静态，只有面对比较重要的决策时，才会启动。

◎ 我们都是"认知吝啬鬼"

为什么第二系统这么懒惰？原因很简单。启动第二系统会耗费更多的心智和能量。它要求人的注意力高度集中，让人心跳加快、血压升高、头皮发紧。总之，就是很费劲。人的天性是好逸恶劳的，根本不喜欢费力思考。

这个理论也跟另一个著名的心理学观点不谋而合，那就是美国心理学家苏珊·费斯克（Susan Fiske）和莎莉·泰勒（Shelly Taylor）提出的"认知吝啬鬼"（cognitive miser）理论。就是说，人每天只有有限的能量，但为了能在纷繁复杂、充满危险的环境中生存下去，必须随时做出很多决策，如在密林中是走左边还是右边的小路，听到异常的声音是迎上去还是撒腿就跑等。为了有足够的心智来应对每天的各种挑战，人在处理问题时会用最简单直接的方法以减少大脑的能耗。这样才能让自己生存的概率最大。

因此，人不喜欢动脑，不是因为天性懒惰、不求上进，而是生存的需要。这样经过漫长的进化，"不爱思考"就变为人的一种天性。也就是说，人天生不喜欢思考，在处理问题时往往通过第一系统快速做出决策。

人是如何通过第一系统快速做出决策的呢？就是利用"认知捷径"（heuristics）。

◘ 决策的认知捷径

什么是认知捷径？简而言之，就是人在做"偷懒式"决策的时候所采用的决策依据，即所谓的直觉。

例如，在面试一个人时，面试官一般会根据面试者的相貌、穿着、神情举止等对他的性格、能力做出一个判断。这个判断往往是在潜意识层面快速做出，恐怕连面试官自己都没有意识到。如果面试者穿着很正式，面试官会直觉地认为他是一个很保守的人。用穿着来判断性格就是一种认知捷径。

还有一种常用的认知捷径就是用价格来推导质量，即看到价格高的产品，人们会自然而然地认为它质量好。其实，大众在日常生活中会无意识地使用各种认知捷径来快速判断事物。这些由认知捷径帮人们得出的结论在头脑中就成了一种"直觉"，也就是毫无道理的一种感觉。

人类在进化的过程中形成了各种认知捷径，所以人类才能够很轻松地启动第一系统进行决策。在所有的认知捷径里，最重要也是最常用的一种就是情绪捷径（affective heuristics）。也就是说，人会依据自己对一个决策场景的感受和情感，启动第一系统快速做出好坏的判断。

在日常生活和工作中，无论是买口红，还是买房、买车，在绝大多数情况下，人们都是依赖第一系统进行决策。就是在一些所谓重大的决策场景，例如在 B 端市场购买大型设备，驱动决策人最后拍板的仍然是第一系统。也就是说，情感和直觉是人决策的最终推动力。

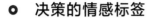

◎ 决策的情感标签

通过多年研究，美国著名神经科学家安东尼奥·达玛西奥为第一系统的主导地位提供了一个理论解释。他发现，人在做决策时，会用情感给各选项贴上"好""坏"或"中性"的标签（somatic maker），并根据这种情感标签做出选择。这种情感标签来自过去体验留下的情感记忆或是一种情感预判。如果一个人的大脑中管理情感的区域受损，那么他仍然可以对复杂的决策问题做出细致的分析和判断，但是他丧失了决策的能力。如果人无法对选项做出情感判断，那么他就无法分清选项的好坏，也就会陷入对各种选项无穷无尽的比较而无法做出决策的境地。

也就是说，驱动人类做决策和其他一切行为的是情感和情绪。用安东尼奥·达玛西奥教授的话说，就是"人不是可以感受的思维机器，而是可以思维的感受机器"（we are not thinking machines that feel, we are feeling machines that think），即人是感性和情绪化的，而非理性的。

总结一下，这些理论互相验证，其共同的核心观点是：因为人是"认知吝啬鬼"，所以人在处理问题时总想"多快好省"。因此，人们惯用认知捷径来启动第一系统进行快速决策。情感就是一种最强大的认知捷径（affective heuristic）。一个人对一件事情的感觉或直觉就足以牵引他对这件事的好坏做出判断，从而进行决策。其实，一个人就算启动第二系统进行理性决策，最后也要在各选项贴上"情感"标签后才能做出选择。从这个意义上说，所有的决策都是情感决策。也就是说，人根本就不是理性的，对生活中的绝大多数决策都会"跟着感觉走"。因此，要影响客户的决策，就必须影响他们的情感和感受。依据感性的第一系统进行决策会不会让人犯更多的错误？答案是，并不会。在高度复杂的决策场景，依赖直觉的第一系统往往比依赖理性的第二系统做出更好的决断。

◎ 第二决策系统的作用

当然，也不是说第二系统就永远没有"当老板"的时候。如果选项之间的差别太大，也就是一个产品显著优于其他产品（如当年的谷歌相比于早四年就推出的雅虎），在这种情况下，客户的第一系统就会被打压，而乖乖让第二系统进行"择优录取"的选择。这种情况在 B 端市场比较容易出现，以至于很多人误以为 B 端市场更理性。其实就算在 B 端市场，如果选项太复杂，或者信息不足，或者信息太多，就算启动第二系统，决策人也很可能无法清晰地判断出各选项的优劣而产生一个毫无争议的赢家。这时，决策人就会动用依赖直觉和情感的第一系统进行决策。哪怕购买一个千万美元级别的大型设备也是如此。

虽然决策时快速的第一系统好像一个独断专行的霸道总裁，但是慢速的第二系统也有一个独有的重要职能，那就是修改偏好。也就是说，人如果改变对一个事物的固有认知和偏好，往往不会依赖"任性轻率"的第一系统，而要让"慎重严谨"的第二系统"出面"才行。

◎ 影响客户决策的方法

我们已经了解了客户如何做决策。企业又是如何有效影响客户的决策的？

这取决于企业是想对客户的决策施加长期还是短期的影响。要想长期影响客户的决策，就必须改变客户的内在偏好，就要针对客户的第二系统发力。"耗电"的第二系统平时处在休眠状态，启动它并不容易。唯一的方法就是让产品和竞品形成"超预期"的显著差异化。这样就会绕过"懒惰"的第一系统，直接对第二系统产生震撼效果。被震醒的第二系统就会兢兢业业地好好分析这款产品，然后按照审查结果来修改自己固有的成见，进而形成新的偏好。

如果企业是一个"跟随者"（比如中小企业或新创企业），就要采用这种直击第二系统的方法。这是因为第一系统做出的决策更偏向于头部品牌。这些企业若不从第二系统入手，则在第一系统主导的客户世界里基本没有突破的机会。

华为的崛起就是一个典型的案例。当年的华为在全球电讯设备市场毫无存在感。客户的第一系统根本不给华为任何机会来表达自己。直到 2003 年华为开发出颠覆性的"分布式基站"，在成本、安装性和空间要求等方面都显著优于竞品的情况下，才终于冲破了客户充满偏见的第一系统的围堵，并彻底征服了客户的第二系统而实现崛起。

在智能手机市场，华为也是通过直击第二系统而获得成功的。当时，苹果和三星两大霸主牢牢掌控住客户的第一系统，华为毫无胜算。因此，华为从 P6 开始就主打"技术牌"，通过卓越的照相功能、超强的快充和电池续航能力终于攻克了广大客户的第二系统而大获成功。

当然，攻占客户的第二系统需要打硬仗，靠的就是自身扎扎实实的功力，所谓"打铁还需自身硬"，半点虚的也来不得。虽然胜利不易，但是一旦成功，就会改变客户偏好，获得客户长期的认可和购买，从根本上解决问题。如果是想对客户的决策有快速的短期影响，那就要尽量启动客户的"第一系统"进行决策。

◎ 影响第一系统的三种方法

在大多数情况下，为了驱动客户的决策，企业需要直接影响客户的第一系统。一般而言，影响第一系统主要有三种方法。

第一，要有意给客户提供各种"决策捷径"，给时刻都在开机状态的第一系统加点油。常用的决策捷径有三种："社交认证捷径"（social proof），即选择的人越多，东西越好；"情感捷径"（affective heuristic），即让自己感受好的就是好的；"显著性捷径"（salience），即最容易看到、想到的就是好的。例如，亚马逊对产品的推荐就是一种典型的"社交认证捷径"，通过引导客户不假思索地去选择"其他人都选择"的产品。

第二，精心设计背景或场景元素，尽量影响服务于第一系统的工作人员——五感。

五感就是眼、耳、鼻、舌、身，对应视觉、听觉、嗅觉、味觉和触觉。五感是第一系统从外界获取信息的工具。因此，所有影响五感的外界信号都可能影响第一系统的决策。要想让五感对你的产品有好印象，首先要让产品价值可视化。例如，乐高就采用增强现实技术让家长和孩子在购买玩具前就可以看到它搭好后的样子，立刻就让他们心动。再者，产品的"颜值"要高，包括颜色、形状和包装等，同时要声音悦耳、触感舒适和品牌设计独特鲜明等，即所谓的"五感营销"。例如，挪威高端瓶装水"芙丝"（Voss）就是通过优质的五感设计在现在超高同质化的市场获得了成功。

在场景设计上要充分遵循显著性原则（salience），把想让客户注意到的信号和产品摆放在客户容易看得到、拿得到的位置。联合利华的管理人员发现，他们的意大利辣香肠（Pepperoni）的销量和所放置的超市位置关系显著：放在"加工肉类"档口，销量就低；放在零食档口，销量就高。这些通过场景设计来潜移默化地影响客户五感，从而影响客户决策的方法就是常说的"助推"或"劝诱"（nudge）。

第三，极度关注客户的感受和情感需求。

"情感捷径"是最有力的决策捷径，所以要善于激发情绪。研究表明，客户在决策过程中会主动寻找各选项的"情感标识"。整个决策过程也就是给各选项贴上情感标识的过程。这个过程首先不是理性的，更不是线性的。客户可以在决策路程中前后移动，甚至多次移动，还可能完全从决策路程中跳出来。

因此，想影响客户的决策是一个比较复杂的事情，尤其是在数字化时代的今天，客户都会在多个数字化平台自由游走，并和无数其他人发生各种接触。这些都会直接影响到客户对"情感标签"的找寻和确认。客户为了决策所需要的情感标签主要是能够激发他们信任、欣赏和喜爱感受的媒介或标记。

企业要全力强化品牌建设，因为品牌就是决策的一种"情感捷径"。再者，企业还要设计并管理好客户的消费全旅程感受，不但要让自己尽量嵌入客户旅程的方方面面，而且在关键节点，必须让客户体验到高光时刻。这时，客户被触发的情感就会启动第一系统，驱动他们做出平时未必做出的决策。然后客户会用第二系统打造一个合情合理、逻辑严密的理由来说服自己和他人。

　　总之，影响客户决策就是要影响客户用于决策的第一系统和第二系统。明白了这两个系统如何驱动人做决策，影响客户行为，甚至牵引客户需求，影响客户决策就会得心应手。关键的原则是：如果企业是引领者，就要让客户毫不费劲地用第一系统轻轻松松做决策。如果企业是跟随者，那就要启动客户的第二系统，促使他们好好用心思考，认真比较，从而改变他们固有的偏好。这就是影响客户决策的核心秘密。

第十一讲

如何进行客户体验管理？

企业打造出一款优质的产品很重要。但是，现在在各行各业的发展都比较成熟，产品的同质化很严重。在这种情况下，要想在激烈的竞争中脱颖而出，企业只给客户提供性能良好的产品仍然不够，还要交付优质的客户体验。

○ 客户体验的重要性

有研究发现，在产品性能和质量相近的情况下，良好的客户体验可以让一个产品的销售额增加一倍以上。而且，这个产品获得客户口碑宣传和重复购买的概率也会增大五倍之多。美国西南航空公司就是靠优质的客户体验，在早已成为红海的民航业中脱颖而出，更成为"9·11"事件后唯一能持续盈利的航空企业。很多知名品牌，例如宜家、苹果和露露乐檬等，都是在优质产品的基础上，聚焦客户体验而获得了成功。

优质的客户体验，不但可以直接促进销售，而且能帮助企业打造出一个稳固的竞争壁垒。因为产品性能有比较客观的技术指标，容易被竞争对手抄袭。但是客户体验是一种主观感受，很难被其他企业完全复制。而且，客户体验的设计和交付需要一个企业具有较强的"软实力"，比如感知能力、共情能力和对话沟通能力等。这些能力既不容易建立，也不容易被模仿。

可见，向客户提供良好的体验对一个企业的成功是多么重要。尤其在数字化时代的今天，商业社会已经逐步离开"产品时代"而进入"体验时代"。在这个新时代，所有的企业本质上都是体验型企业。因此，优质的客户体验日益成为企业赖以生存和发展的核心。

◎ 客户体验的定义

既然客户体验这么重要，那么企业如何打造良好的客户体验？

首先，要理解什么是客户体验。所谓体验，就是客户在消费过程中的一种主观感受。客户体验包括两部分：产品体验和旅程体验。产品体验很好理解，就是客户使用产品的总体感受。例如，对于奶茶店而言，产品体验就是客户享受一杯奶茶的感受，如味觉、嗅觉、触觉、视觉和听觉的综合。

旅程体验的范围要比产品体验更为广泛，是客户对整个消费旅程的总体感受，也就是从想喝奶茶开始，直到喝完而把杯子扔掉这个消费全过程的感受，而产品体验只是其中的一个节点。在这个过程中，客户会有一系列与实现消费有关的行为，如网上查找相关信息，看看其他用户的评论，找找和自己最近的奶茶店，在网上看饮品单，和客服网聊几句，网上下单付款，前往奶茶店，店外排队取货，开始喝奶茶，喝完扔杯子，等等。其实，在数字化时代，完整的客户旅程并不随着消费的结束而终止，而是一个没有终点的持续的过程。

当然，在这个消费过程中，有一些影响客户消费体验的因素并不在奶茶店的控制中，如在拥挤的电梯中被人挤了一下而被奶茶烫了嘴等。但这些是小概率事件，而且除非是很严重的事件，一般客户不会把这些负面印象和奶茶店联结在一起。客户体验管理就是要确保客户在消费一个产品的过程中有良好的综合体验。

⊙ 打造客户体验的三原则

要打造出良好的客户体验，企业一般可以遵循以下三个原则。

第一，理念要正确。

就是企业要遵循"以客户为中心""以人为本"的原则，把客户当作"衣食父母"来对待。也就是对客户有发自内心的尊重，对解决客户的问题充满热情，并用感恩和敬畏的心来服务客户。这样才有可能把客户体验做好。

第二，创造真价值。

客户体验是否优质，关键在于它能否为客户带来真正的价值。前面说过，客户体验包括产品体验和旅程体验。设计和交付产品体验的核心就是要让客户便捷快速地、轻轻松松地以最低成本和最高效率来解决自己的问题。而打造旅程体验，不但要彻底消除客户的痛点，而且要在旅程中提供超预期的附加值。

例如，宜家意识到消费者面临的一个常见的痛点，就是家具买回去后和居家环境并不匹配，或是颜色和式样不搭，或是尺寸有错误。为了帮助客户解决这个问题，宜家推出了一个增强现实的手机应用 IKEA Place，可以让客户在购买家具之前把家具虚拟地放入居室环境中进行"试用",从而显著降低了这个体验痛点。

与此相反,有相当数量的企业提供的客户体验并没有给客户带来真正的价值。例如,很多店铺里的服务人员在消费者入店后殷勤地了解需求;餐厅的服务生频繁询问用餐者的用餐感受,看似在提升客户体验,其实是打扰了客户,让人不胜其烦。例如海底捞就有这种过度服务而"扰民"的情况。这样的客户体验就提供了"负价值"。

因此,设计客户体验的核心,是从客户视角出发,在消费旅程的关键触点,提供真正能够帮助他们解决问题的价值和服务。

第三,细致关注客户情感。

客户体验是客户在消费旅程中与企业接触时的主观感受。这种主观感受,和客户当时的情感需求和情绪状态有直接关系。因此,企业除了要确保产品的质量,还要细致地关注客户在整个消费旅程中的情绪状态,并且能够充分地满足他们的情感需求。最好是能在各个关键触点和客户产生情感共鸣,让他们体验到超预期的高光时刻。

例如,当客户参访一家企业的时候,最担心的就是遭到主人的冷落,达不到此行的目的。华为非常了解这点,所以华为在接待客户的时候,会把接待流程的每个环节都做到尽善尽美,尽量让访客有一种贵宾的感受。例如,当访客参观完展厅,刚在会议室坐下,在展厅的合影就已经做成了镜框照发到他们手中,让客户非常惊叹。这些超预期的小举措会打动客户的心,给他们带来一段非常难忘的体验。

◎ 客户体验设计的三种错误

如果企业遵循以上体验管理的三个基本原则，就可以进行客户体验设计和交付。但是在这个过程中，企业也容易犯以下三种错误。

第一，计划过于理想，无法落地。

企业在进行用户体验管理的时候，一般采取自上而下的方式。也就是说，高层领导会找几家管理咨询公司，由咨询公司提出方案。这些咨询公司擅长设计所谓的"最佳用户旅程"。这种方案往往面面俱到，过于复杂，而且成本很高，根本推动不下去。

第二，组织机构不变，"旧瓶装新酒"。

设计和交付良好的客户体验是一个系统工程，需要一种特定的企业组织能力。比如以客户为中心的企业文化和运营模式，对客户需求准确细致的洞察，组织各部门之间的高度协作和快速决策能力，等等。

工业化时代的企业，大多以自我为中心，以产品为导向。这样的企业难以交付良好的客户体验。企业要想在客户体验上与众不同，就需要在企业文化、组织架构、人力资源、运营流程和信息技术设施等方面进行变革和提升，构建出一个真正以客户为中心的服务体系。

比如，传统企业最大的问题就是"部门墙"很厚，部门之间缺乏有效的协作。而客户体验的设计、交付和管理需要各部门的无缝对接。客户体验做得比较好的企业都会在组织架构上做出调整来解决这个问题。

例如，英国知名的廉价航空公司 EasyJet 已经把市场总监和品牌总监合二为一，变成了客户总监。这个新职务负责协调和用户相关的各个部门的工作。苏格兰皇家银行也是这样。为了做好客户体验管理，苏格兰皇家银行组建了一个 12 个人的跨部门团队，由一个六西格玛黑带的运营专家来领导。这个团队的主要工作就是沟通各部门，确保整个企业的运营都围绕着客户体验来展开。

第三，凭主观判断，没有数据支持。

很多企业把客户体验管理当成一个创意性的工作，仅靠头脑风暴和客户访谈来获得决策的依据。这样做，最大的问题就是无法客观衡量投入资源的真正效果。缺乏对影响客户体验关键要素的了解，自然无法对客户体验进行有效的优化。因此，客户体验管理要能够建立可量化的模型，用数据化的方式来管理客户体验。

企业应该怎么做才能成功呢？下面就用苏格兰皇家银行的案例来回答这个问题。

◉ 苏格兰皇家银行的实践

苏格兰皇家银行是欧洲最大的银行之一，年收入为 290 亿美元，员工人数超过 10 万人，服务欧洲、北美洲和亚洲市场的 1300 万用户。2008 年金融危机使苏格兰皇家银行遭受重创，在英国政府的紧急救助下才生存下来。

2010 年开始，苏格兰皇家银行决定进行客户体验的优化管理。当时，银行内部的各个部门对客户体验的理解和具体管理方法都不统一，根本没有明确的服务质量标准和最佳实践。另外，市场部门和运营部门各自为政，没有在交付客户体验时协调

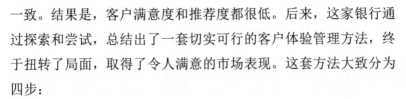

一致。结果是，客户满意度和推荐度都很低。后来，这家银行通过探索和尝试，总结出了一套切实可行的客户体验管理方法，终于扭转了局面，取得了令人满意的市场表现。这套方法大致分为四步：

第一，定义并拆解客户旅程。

苏格兰皇家银行没有一开始就打造所谓的客户最佳旅程，而是从一个具体产品入手，勾画出客户消费这种产品要经历的旅程，并确认了银行在这个旅程中需要提供的所有服务。比如，房贷产品的客户旅程主要包括4项"大服务"，就是购买、管理、付款和结账。在这4项"大服务"下又包含10项"中服务"。这些"中服务"还可以分解成64项"小服务"。通过对客户旅程的梳理和拆解，苏格兰皇家银行让模糊的客户体验变成了几十个可视性很强的"关键触点"。

第二，收集相关数据。

接下来，苏格兰皇家银行对每个服务节点的成本和质量进行量化，不但收集服务质量的自我评价数据，还收集用户的评价数据，同时还了解用户心目中的服务"关键时刻"。然后苏格兰皇家银行把服务质量的自我评价与客户评价两方面数据进行比较，同时把用户评价数据和用户体验优化目标进行对标。这样就看清楚了自身的服务短板和需要优化的具体触点。

第三，建模分析数据。

基于这些数据，苏格兰皇家银行建立了模型，通过回归分析等方法，发现了各项关键行为和客户体验质量的因果关系。根据这些分析结果，银行设计了客户体验优化项目。在尽量降低成本的情况下，提升客户体验中的"关键时刻"和整体旅程的质量。

在这个优化过程中，苏格兰皇家银行对某些产品和服务流程进行了大刀阔斧的变革，甚至是推倒重来。

第四，对比预期目标，进行评估。

优化后的服务项目推出后，苏格兰皇家银行把客户体验质量和客户体验目标再次做比较，然后根据新一轮的数据分析结果，不断迭代优化，最终让客户体验质量达到了预期的目标。客户体验得到大幅度提升以后，银行的业绩也出现了显著的改善。

◎ 客户体验管理的三个要点

苏格兰皇家银行进行的客户体验管理无疑是成功的，其成功经验带来以下三个重要的启示。

第一，要设立一个跨部门的专职机构进行管理。

苏格兰皇家银行为了更好地推动客户体验管理项目，专门成立了"客户体验和服务衡量部"。刚开始这个部门只有 12 人，后来客户体验逐渐成为整个组织的运营核心，部门的人数也不断增加。这个部门有两个主要职责：一是"分析研究"，如定义客户体验、收集数据、建模分析等；二是"部门协同"，就是沟通各个部门，保证步调一致。

第二，把客户旅程按照产品进行模块化处理。

客户旅程比较复杂，从哪里入手进行体验优化，是管理人员需要回答的第一个问题，往往也是最难回答的问题。管理咨询公司设计的"最佳客户旅程"往往只是一种理想化的方案，很难落地。苏格兰皇家银行的做法是从单个产品出发，先聚焦成本最高的个人活期账户，把客户消费这个产品的整体旅程勾画出来，再罗列出嵌入这个客户旅程中的所有相关服务。也就是说，要以产品为基础，先把看似"无缝"的客户体验分解为一系列清晰的模块。这样就可以选择出最佳入口，从小到大，从易到难，逐步进行优化。

第三，收集并分析客观数据来引导决策。

苏格兰皇家银行从事的第一项工作就是收集客户旅程的三类数据：第一，在每个节点交付服务的成本；第二，服务的交付质量；第三，用户对服务的感受。

通过建模分析，企业就能够找到最能影响客户感受的核心服务或"关键时刻"，然后找到这些关键服务的构成要素。例如，苏格兰皇家银行发现，个人活期账户的"关键时刻"是"见面开户"和"欢迎手册"，而影响"见面开户"体验的要素有十个，如友善程度、专业性、解决问题的能力、服务速度等。这样，企业就可以找出影响关键服务质量的核心要素。比如，影响"见面开户"质量的关键要素就是专业性和服务速度。

通过这种定量分析，企业就会非常清楚哪些服务要素可以直接影响客户体验。同时，数据模型也可以分析出客户体验的提升对成本和收入的影响。这样就可以知道哪些服务要素能给客户带来最佳体验，同时还可以降低成本、提高收入。知道了这些，企业就可以合理地分配有限的资源，把好钢用在刀刃上，而不是盲目追求咨询专家宣扬的那些巅峰体验。

通过苏格兰皇家银行的成功案例可以看出，客户体验管理一定要专职化，即设立专门的机构来管理，尽量碎片化和数据化。虽然客户体验关乎客户感受的管理，但是这项工作并非如大家所认为的那样需要太多的创造力和想象力，这项工作更需要扎实的数据收集和建模分析能力。因此，客户体验管理团队需要懂数据的人才。而且，客户体验管理的起点并不是头脑风暴，而是利用数据对现有的客户体验的交付质量、成本和客户感受进行诊断和评估。这个能力必须内生自建。它将成为企业管理和优化客户体验的核心组织能力。

在"体验时代"，进行客户体验管理和优化越来越成为企业的核心能力。随着客户体验的数字化，客户体验管理将倒逼企业数字化转型，成为驱动企业迈入数字化时代的关键力量。

第十二讲

如何打造品牌？

品牌是一个企业的核心战略资产，对企业的生存发展极其重要。

好的品牌可以给企业带来更多的销量，更高的产品溢价，更强大的商业伙伴关系，更广泛的政府和社会支持，当然也可以吸引并留住更优秀的人才。因此，品牌是驱动市值的重要因素。数据显示，苹果、耐克和星巴克的品牌估值占到企业总市值的40%之多。

既然品牌这么有价值，那么如何打造出一个强大的品牌呢？

● 品牌的定义

首先，先要了解品牌到底是什么。

很多人认为，品牌是定位、超级符号、广告、代言和社媒推广等。其实这些都不是品牌，而是企业打造品牌的一些手段。如果对品牌的理解还停留在这个层面，就仍然是以自身为中心，从企业的角度来看待品牌，而没有以客户为中心，从客户的角度来看待品牌。"以客户为中心"就是从客户的角度看待一切。品牌也是一样，也要从客户的角度来看待。

为什么要这么做？因为品牌虽然是企业创造出来的一个东西，但它其实存在于客户的头脑中。所谓打造品牌，通俗而言就是把品牌印象植入客户的头脑或认知里。只有从客户的角度理解品牌，才能抓住其本质，也才能够更好地打造出一个品牌。

从这个思路出发，英国著名品牌咨询公司 Interbrand，就认为品牌是客户头脑中对企业和产品的一个综合印象。这个印象包含两部分：一是品牌的形体特征，如名称、符号和颜色等；二是品牌的含义，也就是品牌代表着什么。例如，苹果的品牌印象就是由两部分组成：一是苹果名称、辨识度很高的缺口苹果符号、乔布斯的形象、店面和产品的风格或调性等；二是苹果所代表的敢为人先、特立独行、颠覆创新和引领人类向前等精神。

◎ 品牌情感的四个层次

以上对品牌的理解听上去合情合理，但并不完全准确。其实品牌的本质不是客户头脑中的认知，而是存留在他们心中的一种感受或情感。可以说，品牌是客户心中的一种"情感记忆"，反映的是与客户的情感关联（emotional connection）。因此，品牌不是印象，而是情感。更准确地说，普通的品牌可能只是印象，而真正好的品牌一定是情感。

这种情感一般有四个层次，就是信任、赞赏、喜爱和敬仰。信任应该是品牌发展的第一阶段，随着客户情感的不断升级，品牌逐渐变得强大，对市场的影响力也越来越强。可以说，强大的品牌就是具有深厚客户情感的品牌。再回到苹果的例子，其实客户一看到或想到苹果，第一时间产生的不是在头脑中想起的苹果形象和内涵，而是由苹果触发而涌上心头的一种感受和情绪。这种感受和情绪就是驱动客户决策的主要力量。对于很多客户而言，苹果触发的情感是"赞赏"或"喜爱"，对于一些重度客户，甚至还触发"敬仰"。这种情感的汇集才是苹果品牌的本质。

明白了品牌是客户情感，也就明白了打造品牌就是打造客户情感。品牌建设的最终目标就是让客户"爱上你"！苹果、哈雷摩托和露露乐檬等全球知名品牌就成功地让广大客户爱上了它们。其中不少"发烧"友竟然把这些品牌的 logo 作为刺青刻在自己的身体上。这种品牌情感是多么深厚。

◎ 品牌建设的三轮驱动

一个企业怎样打造出积极正面而又强烈的客户情感？

毫无疑问，自然不能只靠定位、超级符号、广告和社媒传播。如果这样就能让客户爱上一个品牌，那么打造品牌该是多么容易。实际上，在品牌的汪洋大海中，能让客户对一个品牌情有独钟实在是太难了。在这个竞争如此激烈的时代，打造品牌，或者获取客户真心的喜爱只有靠实力。

具体来讲，企业打造品牌需要从三个方面入手：价值、文化和关系。图 12-1 展示了品牌建设的三轮驱动。

图 12-1 品牌建设的三轮驱动

◉ 价值是品牌建设的基础

品牌关乎价值。归根到底，建立客户情感只有一个方法，就是持续稳定地向客户提供优质的价值。只有给客户提供真正的价值，而且是显著差异化的价值，才能赢得客户的信任、赞赏和喜爱。

其实，打造品牌的过程和建立人与人之间的情感非常像。人和人之间建立信任，靠的就是在较长一段时间内不断接触给双方带来的感受。只会耍嘴皮子的人可能把对方迷住一会儿，但无法长久迷住对方。建立稳固持久的情感关联需要靠行动，靠真本事。打造品牌也是一样。亚马逊的创始人贝佐斯曾说："品牌不是你在说什么，而是你在做什么。"贝佐斯很懂品牌建设之道，亚马逊能够成为全球领先品牌毫不令人奇怪。

这样看来，打造品牌的第一要素就是"价值"。没有真本事，说得再天花乱坠也没用，迟早让人识破。在工业化时代，价值的内涵十分丰富，除了产品和服务质量，还有客户整体旅程体验的质量，尤其是客户数字化体验的质量要高，最好"超预期"，才能对客户形成震撼，从而让客户心甘情愿地打开心扉。

美国网上鞋店捷步（Zappos）就是一个以卓越服务经常"超预期"而震撼到客户的企业。

例如，捷步的退货期长达一年，而且经常让非 VIP 的客户免邮费退货，免退货就可以收到替换品，等等。更让人震惊的是，捷步客服电话的时长不设上限，最长的通话记录是 10 小时。这种显著的差异化，让捷步迅速在竞争激烈的市场中脱颖而出，最终获得亚马逊的青睐，亚马逊斥巨资将其收购。

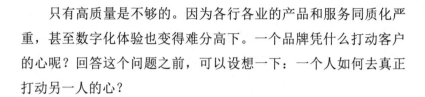

只有高质量是不够的。因为各行各业的产品和服务同质化严重，甚至数字化体验也变得难分高下。一个品牌凭什么打动客户的心呢？回答这个问题之前，可以设想一下：一个人如何去真正打动另一人的心？

◎ 文化战略树立品牌之魂

触动客户的心灵，品牌不但需要向客户提供优质的价值，还要有内涵、有情怀、有个性。也就是说，打动心灵，不但要有实力，而且要有更深远的东西。这个东西就叫"文化"。文化的核心就是"信仰"。因此，品牌也需要有信仰，这是品牌的灵魂。有灵魂的东西才能触动另一个灵魂。其实真正强大的品牌都是建立在鲜明的信仰之上，都有触动人心的灵魂。

例如苹果，除了实力之外，还有它的品牌信仰，这一点尤为关键。苹果从创立开始，在乔布斯的引领下就笃信"不同凡响"（think different），用人文科技去颠覆、引领人类向前。这种开拓者、创新者的精神，才是苹果超"酷"的真正原因。这种信仰牵引苹果不断推出令人惊艳的颠覆性产品，深深地触动广大客户的心灵。

捷步的信仰就是"传递快乐"（delivering happiness），它在任何情况下都确保客户可以真实强烈地感知到这一点。露露乐檬的信仰是"瑜伽精神"，并把这种精神注入生活的每一时刻，帮助客户完成身与心的跃升。华为的信仰是"成就客户"，所以华为全力以赴地构建和客户的"命运共同体"，为客户构建万物互联的智能世界。

实力可以让人信任，但想让人赞赏、喜爱和敬仰就需要具有信仰、精神和情怀，并在信仰的牵引下为客户创造卓越的价值。人和人之间是这样，客户和品牌之间也是这样。品牌源于商业，但必须超越商业，需要蕴含思想和精神的东西。可以说，最好的品牌就是一个精神图腾。

很显然，品牌建设需要双轮驱动，一是"价值"，二是"信仰"。进入数字化时代后，价值创造必须依赖高科技。因此，"价值驱动"也就是"技术驱动"。如果一个品牌既有技术驱动，又有信仰驱动，那它就可以称得上是"内外兼修"，它就一定会成为顶尖品牌。只有这样的品牌才能最大限度地满足客户多层次的需求，和客户产生深层的共鸣，从而获得客户的赞赏、喜爱，甚至崇拜。

而现在很多品牌走的是"定位驱动""广告驱动"或"网红驱动"路线，没有什么内力，就是靠"造势"和吆喝。这些品牌可能在短期内把业绩做得光鲜亮丽，却缺乏做大做强的能力，迟早会被时代淘汰。

◎ 客户关系是品牌情感的放大器

随着时代的发展、科技的进步和竞争的日益激烈，缺乏价值和文化驱动轮，品牌根本无法腾飞。在数字化时代，仅有这两轮还不够，还需要一个驱动轮，才能真正打开局面。这个驱动轮就是"客户关系"。

进入数字化时代，客户和品牌的关系发生了深刻变化。在工业化时代，客户和品牌的接触点很少，距离遥远，缺乏互动。品牌要想触达客户，大多依赖大众传媒的宣传和掌控渠道。因此，工业化时代是广告为王和渠道为王的时代。品牌几乎等同于广告或渠道。

而现在的情况完全不同，在智能手机和其他移动设备的加持下，品牌不仅可以深度嵌入客户生活的各个场景，几乎无处不在，无时不在，而且能和客户紧密接触，频繁互动。同时，客户对品牌的期待也更多，不仅需要品牌帮助他们完成具体的工作，还要提供娱乐和社交功能，甚至要和他们对话互动，成为陪伴他们的"伙伴"。

因此，一个强大的品牌不能只是用科技和信仰，扮演一个高冷的角色让客户仰望，还要融入客户的生活，润物细无声地关注、关心和陪伴他们。这种和客户形成亲密关系的能力越来越成为品牌显著差异化的前沿阵地。

国内依托互联网快速崛起的一批品牌，如三只松鼠、完美日记、花西子等，都是靠构建客户关系而实现突破的。这些品牌大都具备一个活跃的客户社群，由此日益成为"关系轮"强大的"客户伙伴型"品牌。

◎ 智能型品牌要构建全景体验

要想成为客户喜爱并依赖的伙伴，只在社交媒体上用讨人喜欢的口吻和客户多互动是远远不够的。伙伴型品牌要真正嵌入客户的生活，必须快速精准地洞察客户不断涌现的需求，尤其是情感需求，并即时做出最佳的反应。可以说，这样的品牌要比客户更了解他们自己的需求，并随时提供个性化服务，甚至要在客户都不清楚自己的真需求时，就已经能够贴心地推荐最能够成就他们的解决方案。

要想做到这些，品牌需要有人工智能、大数据、云计算和柔性制造等高科技的加持，成为一个"智能型"品牌。到了这个程度，品牌无须定位和宣传，就能随时直接接触到客户，用绵延不断的优质价值去打动客户的心，通过"直指人心"而迅速获得客户的喜爱和拥戴。

总结一下，技术驱动、信仰驱动和关系驱动就是打造品牌的三驾马车。这也是品牌建设的正道。

当然，进入智能驱动的后数字化时代，这三驾马车也稍显单薄。在真实和虚拟世界并存并打通的时代里，打造品牌要靠沉浸式的"品牌全景体验"，也就是品牌会为每位客户构建一个完全个人化的混合世界。在这个世界里，品牌对客户实现了全时段和全方位的覆盖，满足他们所有的需求，并牵引和塑造客户需求。这个时候，品牌也就成了真正的超级平台。在这个阶段，客户和品牌关系再次发生根本性的变化，不再是品牌融入客户的世界，而是客户融入品牌的世界，且深度依赖品牌。传统意义上的品牌会完全消亡。

这几年，一些企业大肆宣扬"元宇宙"，其实就是为了构建一个品牌世界，好让所有人沉浸其中而不能自拔。当然，国内顶尖的科技品牌如字节跳动、腾讯、阿里和华为等也在为打造这个新世界而紧锣密鼓地布局。这些企业将开创一个品牌的新时代，其精彩程度和颠覆性让现在的我们几乎无法想象，而品牌的发展也会进入一个前所未有的新境界。

第十三讲

如何进行品牌传播和定位？

品牌关乎价值。从广义上讲，品牌文化和客户关系也是一种客户价值。因此，打造品牌的关键是向客户持续地提供优质的产品、服务和体验、精神内涵，以及和客户保持亲密，去解决他们在身、心、灵层面的各种问题。当然，这种客户价值还要具有显著的差异化，才能获得客户的注意、信任和喜爱。

品牌要想迅速成功，除了提供显著差异化的总体优质价值，有效的传播也很重要。可以说，品牌传播是品牌建设的加速器，可以帮助品牌走上成功的快车道。

◎ 品牌传播的三大模式

总体来讲，品牌传播有三大模式：第一，企业驱动的"广告宣传"模式；第二，客户驱动的"口碑宣传"模式；第三，企业和客户共同驱动的"内容营销"模式（content marketing）。

先谈品牌的"广告宣传"模式。"广告宣传"就是通过电视、杂志、海报、广播和网站等各种渠道和方式去做广告。在工业化时代，"广告宣传"是品牌传播的主要方法。今天我们所熟知的大部分知名品牌，如海尔、联想、格力、美的等，都是利用这种模式发展起来的。

这种品牌传播的特点是：企业主导的单向交流，更像是企业向广大潜在客户"喊话"。在这种模式下，"品牌定位"就显得很重要。因为成功的定位，可以很容易让客户在喧闹的品牌世界里关注并记住一个品牌，从而帮助这个品牌在众多竞争者中脱颖而出。例如，2014 年，OPPO 在竞争激烈的手机市场通过"充电五分钟，通话两小时"的品牌定位一举成名。

"口碑宣传"是自下而上由客户驱动的品牌传播模式。"口碑宣传"的关键是先通过极致的产品或体验，获取一批对品牌充分认同，甚至是充满热情的种子用户或粉丝。这批种子用户或粉丝就会自发地口口相传，进行品牌推荐。和广告宣传相比，口碑宣传的成本低，而且可信度高。如果有足够的种子用户进行口碑宣传，很可能在很短的时间内就可以帮助一个品牌获得成功。小米、优步、特斯拉、露露乐檬和谷歌等都是通过口碑宣传而实现快速崛起。

"内容营销"模式和"广告宣传"模式、"口碑宣传"模式有显著的不同。狭义的内容营销，就是在数字化平台上展示高质量多元化的品牌内容，以吸引广大客户的注意，并实现获客、转化和建设品牌的目标。这种营销模式由企业和客户共同驱动，代表着一种新的传播理念和方式。

◉ 澄清对品牌定位的误读

在当今的数字化时代，广告宣传模式已经不像当年那样占据绝对的主导地位。但是，这种模式依然有它的价值。另外，主流的广告宣传模式大多是以 30 秒钟的电视广告的形式出现。为了

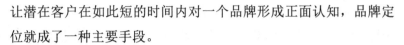

让潜在客户在如此短的时间内对一个品牌形成正面认知，品牌定位就成了一种主要手段。

虽然"定位"是一个企业常用的品牌建设和传播手段，但是不少人对这个概念有误解，需要加以澄清。

第一，"品牌定位"不是品牌战略。

品牌定位只是品牌战略中的一个环节，但很多人以为，品牌战略就是提炼出来的一句定位语，这其实是对品牌战略的错误理解。

前面已经反复强调过，品牌战略的核心是向客户提供具有显著差异化的价值。没有真正优质的客户价值，不管"那一句话"提炼得多么精彩，也无法"化腐朽为神奇"。在数字化时代，这就意味着要通过产品、服务和内容等带给用户优质的总体体验，远远不只是提炼出"那一句话"，然后传播出去。

然而在现实中，很多企业把品牌战略等同于"品牌定位"或那一句广告语，这其实是本末倒置，把品牌战略降为宣传策略。这样会直接导致企业的品牌建设后劲不足。

第二，品牌定位也不只是"那一句话"。

品牌定位的本质是对品牌内涵的一种定义，它确定了品牌的精髓或品牌的"灵魂"。品牌定位是企业重要的战略决策，而不只是传播层面的宣传语。

更准确地说，品牌定位其实是对整个企业的经营哲学和理念进行定义或选择。品牌定位有两个层次，一个是公司品牌的定位，另一个是产品品牌的定位。平时所谈的品牌定位大多是产品品牌的定位。

一般而言，产品品牌的定位是一种宣传层面的战术问题，它往往可以被提炼成一句话。但是公司品牌的定位，虽然也可能用一句话来表达（比如苹果的"非同凡想"，耐克的"行无挂碍"），却需要整个企业对自身的使命、愿景和理想等进行深度的思考，然后才能做出这个重大的决定。公司品牌的定位根本不是宣传层面的工作，而是一个企业关键的战略举措。

第三，品牌定位不是"独特销售主张"（USP, unique selling proposition），也不是客户价值主张（CVP, customer value proposition）。

这三个概念的确关系紧密："客户价值主张"是企业向客户提供的总体价值，涵盖范围很广，既包括和竞争对手具有差异化的价值点，也包括不具有差异化但必须具备的价值点。以沃尔沃为例，作为高端轿车品牌，它的"客户价值主张"有很多，比如舒适、宽敞、质量稳定、安全、销售服务良好、维修方便和品牌信任度高等。可以看出，"客户价值主张"表达的是一个企业或产品解决用户问题的总体能力。

"独特销售主张"或者俗称的"卖点"是"客户价值主张"的一种高度提炼。"独特销售主张"大多聚焦在和竞争对手最大的差异点，以便给客户一个购买的充分理由。仍以沃尔沃为例，它的"独特销售主张"是"安全"，这是沃尔沃向用户提供的价值主张中最具差异化的价值点。另一个比较经典的"独特销售主张"是OPPO曾经强调的"快充"，"快充"也是OPPO在当时和竞争品牌最大的价值差异点。

品牌定位则更为宽泛。首先，品牌定位可以是公司品牌定位，也可以是产品品牌定位。一部分企业的品牌策略是用公司品牌涵盖所有产品，也就是所谓的"单品牌"或"家族品牌"（branded house），例如苹果、耐克、哈雷摩托、露露乐檬等。还有一些企业采取产品品牌策略，即打造多个单独品牌形成品牌家族（house of brands），例如宝洁、联合利华和帝亚吉欧（Diageo）等。

很多产品品牌的定位可能直接就采用了"独特销售主张"。例如，宝洁旗下的"汰渍"（Tide）就是基于"高效"和"亮白"这两个核心卖点进行的产品品牌定位。但这也只是产品品牌定位的一种方式。公司品牌定位大多和产品层面的"独特销售主张"没有直接关系，只有在少数情况下，如果公司品牌完全由产品驱动，那么公司品牌定位也可能是"独特销售主张"，比如沃尔沃的"安全"和沃尔玛的"低价"等。

但是，在更多的情况下，公司品牌定位会更强调一些比较"务虚"的理念，如一个企业的信仰或价值观。以耐克为例，它的品牌定位是"行无挂碍"（Just do it!）。这是一种生活的态度。耐克的具体产品卖点则是"创新""高质""设计"和"舒适"等。总而言之，品牌定位最宽泛，"独特销售主张"最精准，客户价值主张则介于两者之间。

以苹果为例。苹果的客户价值主张是苹果所提供的所有理性价值和感性价值的总和，包括易用、轻便、高效、身份、"酷"、美观、自我定义、服务、全产品链、多元内容、喜悦和满足等。苹果的"独特销售主张"可以视为易用、"酷"，而苹果的品牌定位则是"创新者、颠覆者、引领者"，完全是一种精神层面的定位。

第四，品牌定位不是只靠宣传或传播来实现的。一般认为，品牌定位是在客户心智中塑造一个正面且独特的形象，以形成和竞争对手的有效差异化。因此，绝大多数企业想到品牌定位时往往只想到传播或宣传手段。其实，品牌定位主要是靠客户对产品、服务等价值元素的具体体验来实现。也就是说，在客户心中树立一个独特的品牌形象的主要手段是真实直观的"客户体验"，而宣传只起到一个推波助澜的辅助作用。

明白了"品牌定位"的概念，就可以看出，其实很多企业把品牌战略等同于"品牌定位"，而且把品牌定位等同于那一句广告语，这其实是对品牌战略和品牌定位非常狭隘的认识，用这种理念来打造品牌很难达到预期的效果。

◉ 品牌定位的六种方法

一个企业如何进行有效的品牌定位呢？大致有以下六种方法。

第一，"销售主张"导向的定位。

这是最常用的定位方法，就是从用户价值主张中提炼出产品的独特卖点。例如沃尔沃的"安全"、可口可乐的"快乐"和三一重工的"三位一体"等。

第二，竞争对手导向的定位。

这种定位方法也很常见。例如，加多宝当年针对王老吉的"怕上火，喝王老吉"而设计的"怕上火，喝加多宝"的定位。这种定位方法也可以用于公司品牌定位。例如美国租车公司艾维斯（Avis）针对行业领袖赫兹（Hertz），提出"我们是第二名，所以我们更努力"的定位。

第三，品类导向的定位。

这种定位方法就是风靡一时的"艾尔·里斯"（Al Reis）定位方法的核心，也就是通过打造新品类来塑造自身品类领袖的地位。例如七喜（7Up）的"非可乐"（Uncola）的定位。很多品

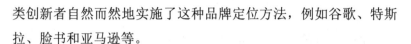

类创新者自然而然地实施了这种品牌定位方法，例如谷歌、特斯拉、脸书和亚马逊等。

第四，市场领袖型定位。

这种定位方法就是把品牌定位为"成为市场的领袖"，从而获得客户的高认知和高认可。例如，三一重工的"全球销量第一"和加多宝的"全国销量领先的红罐凉茶"。美国甲骨文（Oracle）多年来也持续采用这种定位方法。由此还可以引申出"类比型"定位。例如，奈飞被视为"流媒体中的苹果"，苏州被定位成"东方的威尼斯"等。

第五，场景导向的定位。

这种定位方法，是针对一个特定的产品使用场景，并对其进行客户心智的垄断。例如，香飘飘奶茶的"小饿小困"场景，奇巧巧克力（KitKat）的"饿"场景和脑白金的"送礼"场景等。

第六，信仰导向的定位。

这种定位方法完全脱离了产品，而把企业的信仰、理念和价值观作为品牌定位的基础。经典的例子就是苹果、耐克、哈雷摩托和露露乐檬等。这种品牌定位，自上而下地联通了公司品牌和产品品牌。也就是说，公司品牌和产品品牌完全重合，都是基于同一个理念。

这种品牌定位是比较高阶的定位方法，可以确保公司上下对自己的品牌内涵有统一清晰的认识。这样在设计和交付客户价值时，企业的各个部门都能够更好地协作，保证动作不走样。

这样看来，从表层上来讲，品牌定位是为了传播。而品牌定价真正的作用，是为企业发展确定一个明确的经营哲学和发展方向。也就是说，品牌定位的关键目的是给公司进行定位。品牌定位是企业的最高战略。从品牌战略的发展过程来看，品牌定位最终要从产品品牌的战术层面上升到公司品牌的战略层面，用企业信仰和价值观作为品牌定位的基础，让品牌成为指引公司前进的"北极星"。就算只从宣传层面来谈产品品牌的定位，传播品牌的信仰和价值观才是品牌定位的最高境界。

◎ 品牌定位的适用场景

知道了品牌定位的主要方法和背后的理念，再讨论一下各种定位方法的适用条件和场景。

前五种品牌定位方法都基于企业导向和产品导向的逻辑，因为这些定位方法的本质，在于通过各类广告和宣传手段向客户单向灌输某种品牌信息，重在"说服"客户，以影响他们的判断和选择，从而促进某个产品的销售。这种定位逻辑更适用于正在逐渐退出历史舞台的工业化时代。

具体而言，主流的品牌定位方法仅适用于满足以下三个条件的狭窄场景。

第一，企业主导的工业化时代。

第二，广告为主体的传播时代。

第三，用户关注单个产品或品类。

进入数字化时代以后，随着客户权力的极大提升，品牌逐渐被客户接受，企业开始通过口碑主导品牌的传播。在这个传播过程中，客户参与定义品牌的内涵。品牌建设已经从企业向客户的单向输出变为客户参与的共创。

更重要的是，客户价值也从单一的产品或服务逐渐演变成丰富多元的总体体验。这样的品牌已经没有什么清晰的"销售主张""竞品""品类""使用场景"等，也很难提炼出一句定位语。这时候，工业化时代由企业主导的聚焦单一产品或品类的品牌宣传模式，即"定位＋广告"的黄金组合逐渐失效，用简单定位来进行品牌宣传和建设的时代已然过去。

随着逐渐进入"数智化"时代，品牌承担的角色更加多元，从质量信号到体验，再变为伙伴，甚至顾问。品牌的内涵也更加丰富，需要同时满足用户各个层面的总体需求，如购物、导购、社交、娱乐、情感和个人成长等。聚焦单点，依托广告的品牌定位将完全失去下场的资格。

这时候，品牌传播需要采取"口碑宣传"模式和"内容营销"模式。

◎ 口碑宣传和内容营销的四个要点

这两种品牌传播模式可以结合起来看，因为它们相互影响，甚至可以说是互为依存的。另外，无论是口碑宣传还是内容营销，本质都是对品牌价值和价值观的认可。只不过口碑宣传侧重具体的产品和体验，也就是品牌价值，而内容营销会更聚焦围绕品牌价值观讲好故事，以及在价值观的指引下为客户赋能。

这两种传播模式比较容易理解，所以我只着重说一说利用口碑宣传和内容营销进行品牌宣传的四个注意事项。

第一，口碑宣传不是蹭热点，搞事件营销，而是通过优质的产品或服务培养种子用户，然后通过种子用户在社交媒体上进行自发的传播，来打造一个品牌。小米就是典型的案例。2011 年小米在推出第一款手机之前，就已经积累了超过 50 万的"米粉"。小米的品牌建设就遵循了典型的口碑宣传模式。

第二，内容营销的核心是打造品牌的IP。品牌内容至少要有三类，第一类是"赋能型"内容，即帮助客户解决真正的问题，消除客户的痛点；第二类是"赋乐型"内容，即可以带给客户娱乐和喜悦；第三类是"赋灵型"内容，即要去激发客户的想象力和激情，帮助客户成为更好的自己。

第三，"品牌内容"不应局限于社交媒体上的文字和视频，可以向多维度的方向延伸。在C端市场，可以是影视作品、动漫、快闪博物馆和主题公园等。在B端市场，可以是白皮书、行业标准、帮助用户提升工作效率的应用软件等。未来几年，直播将成为C端和B端市场主要的内容生成和输出方式。

第四，元宇宙将成为企业进行品牌建设的主战场。在各种高科技手段的加持下，企业会在元宇宙里"八仙过海"，各显神通，用人们无法想象的精彩方式传播品牌和塑造品牌。元宇宙就是品牌内容营销的终极形态。

最后需要强调的是，如果只把品牌定位作为一种影响客户判断的宣传手段，那就太过时了。但是，如果把品牌定位理解为"公司的战略定位"，那么品牌定位就会一直保持充沛的生命力。也就是说，进入数字化时代以后，品牌宣传和定位不能再聚焦产品"独特价值"的表达，而应该聚焦企业"独特价值观"的表达。重要的是，要通过价值、信仰和客户关系，把这种价值观以客户体验的方式具体呈现出来，实现品牌定位的"实体表达"，这才是品牌宣传和定位的真谛。

第十四讲

如何进行客户关系管理？

客户关系管理，又称 CRM（customer relationship management）。客户关系管理由来已久，自从有了商业，商家就需要管理客户关系。最初，因为客户数目有限，商家都会像经营人脉一样，精心地建立和维护客户关系。客户对商家也比较忠诚。双方的互信度很高。进入工业化时代以后，企业聚焦大规模的生产制造，客户数目也大幅增加。在这种情况下，商家和客户就丧失了个人层面的关联，逐渐变成了纯粹的交易型关系。

◉ 客户关系管理日益重要

随着工业化时代进入顶峰，市场竞争变得越来越激烈，企业也意识到客户关系的重要性。研究显示，如果客户保留率提升5%，就会让客户终身价值提升 50%，而且老客户可以比新客户带来超过 2 倍的销售额。

企业在 20 世纪 70 年代初重新开始关注客户关系管理。到了20 世纪 90 年代，"客户关系管理软件"（CRM）的推出把这个趋势推向了顶点。现在，差不多每家公司都有客户关系管理的职能或部门。即便如此，工业化时代仍然是"产品为王"。一个企业就算没有刻意地进行客户关系管理，依靠过硬的产品，也能在市场上遥遥领先，例如苹果、丰田和戴森等。

进入数字化时代以后，在互联网技术的加持下，客户对市场有了前所未有的掌控能力。同时，各种产品的同质化十分严重，平台对客户的抢夺更加白热化，流量越来越贵。更重要的是，在这种情况下，产品也从硬件开始向服务和内容延伸。这样一来，消费就不再是客户在某个场景下的个人行为，而成为商家和客户，或者客户之间持续互动的过程。企业单靠产品已经不能再高枕无忧。

在这种情况下，能否拥有一批足够数量的长期稳定的客户就直接决定了企业的成败。小米的崛起就依赖和客户建立的紧密关系。正是大批热情的"米粉"，才让小米在竞争激烈的手机市场打开了一片天地。

可以说，"客户为王"的数字化时代就是"客户关系时代"。没有强大的客户关系，企业很难实现长期的兴旺发达。意识到在数字化时代客户关系已经成为企业软资产的核心，越来越多的企业开始关注"关系资产""粉丝"和"私域流量"的构建和运营。客户关系管理遂逐渐成为企业的核心战略问题。

就连美国著名科技媒体人凯文·凯勒（Kevin Keller）也认为，对很多职业来说，只要有一千个铁杆粉丝就足够了。可以看出，在这个时代，客户关系管理是企业核心的战略问题。没有优质的客户关系资产的企业将慢慢被淘汰。

◎ 对于客户关系管理的三个误解

虽然客户关系管理如此重要，但是不少企业对客户关系管理

的理解仍有偏差。大致而言，有三种主要的误解。

第一，认为客户关系管理就是用各种方式留住客户，从而实现企业利益的最大化。

很多企业对客户关系管理的理解是：通过对客户的细分、定位和跟踪，针对每类客户采取不同的运营策略，从而提升客户体验。在此基础上，采用各种方法持续维护客户关系，并不断挖掘客户价值，最终达到增加企业自身营收的目的。

显然，这种逻辑根本不是在和客户建立关系，而是把客户当作一群猎物或流量，以便实现自身利益的最大化。也就是说，对企业而言，客户关系管理是一种以自我为中心，旨在诱惑客户"上钩"，最终实现自身利润最大化的利己手段。

这样看待客户关系管理，就把和客户建立所谓的"关系"当作一种实现销售的手段，带有非常功利的动机，根本无法真正打动客户。客户当然明白这点，所以绝大多数客户对和企业建立关系毫无兴趣。这样的客户关系管理，其实是在伤害而不是建立客户关系。

真正的客户关系管理是以客户为中心，为客户的利益着想，赋能客户，帮助客户更好地实现他们的目标和理想。在这个过程中，企业也同时实现自身的目标。这个目标不是自身利益的最大化，而是共同利益的最大化。这是一种互信互利、共生共荣的双赢关系。在这种情况下，企业和客户形成了利益深度绑定的命运共同体，同舟共济，休戚与共。因此，真正的客户关系是实现"人我合一""命运共享"的境界。

美国网上鞋店捷步就是这样的典范。捷步的经营宗旨就是为客户"送递快乐"，把客户当作朋友，全力以赴地为客户带来超值体验，并在这个过程中实现企业自身的价值。在 B 端市场，华为也是如此。华为从更好地解决客户问题的角度出发，从 2006 年开始和关键客户，比如全球顶尖的电信运营商沃达丰和 BT 等建立联合创新中心，把自己从一个外部设备供应商转型为客户的战略合作伙伴，深度融入客户运营的方方面面。这样，华为既帮助了客户成长，又也实现了自己的价值。

这样看来，"客户关系管理"这个概念中的"管理"一词本身就不合适，显现出"以我为主，居高临下"的逻辑。真正相互认同并信任的良性关系是无法被管理出来的。所谓的客户关系管理 CRM 其实是"客户利润管理"，应该称为 CPM（customer profit management）。

要想改变这种认知误区，企业首先要把"客户关系管理"改为"客户关系发展"（CRD，customer relationship development），也就是把 CRM 中的"M"替换成"D"，从而在基本理念层面做出根本性的变革。这样企业才能放下自私自利的心态，真正以客户为中心，为客户解决问题，否则永远也无法把客户关系管理做好。

第二，把客户关系管理等同于软件系统和大数据平台。

以前 CRM 是一个管理理念，现在却被理解成为企业进行客户关系管理的系统工具。这样的话，就把一个广义的战略问题变为一个狭义的技术问题。甚至在有些企业，客户关系管理由信息技术部门来负责运营。这样肯定无法把这项工作做好。

客户关系管理，首先是一种企业文化，也就是"以客户为中心"去实现共同利益最大化的经营哲学。这个理念必须贯通整个组织，深入到每位员工的心中。其实，在很多情况下，有效的客

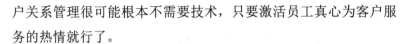

户关系管理很可能根本不需要技术，只要激活员工真心为客户服务的热情就行了。

例如，美国旅游业的宏程公司（Grand Expeditions），这个公司的一个部门会在客户旅程结束后，向客户寄送一封手写的感谢信，很受客户喜欢。于是，宏程公司就把这个实践在全公司范围内推广，对客户关系的发展起到了显著的推动作用。

所以说，客户关系管理涉及企业文化、组织架构、战略、运营流程、绩效考核和人力资源政策等诸多方面，而软件系统和数据只是进行客户关系管理的辅助手段。但在实践中，很多企业过于相信技术和数据，依赖技术和数据来驱动客户关系管理，真可谓本末倒置。

而且，很多企业只是用 CRM 软件系统进行客户细分、目标选择和跟踪，并没有心怀敬畏，真正用心去倾听客户的声音，也没有细致地洞察客户的情感。显然，企业有技术而没有文化是没有用的，有数据但不走心，同样无济于事。

第三，把客户关系管理当作一个战术问题，而非战略问题来看待。

很多企业把客户关系交给市场营销部或运营部来负责，把客户关系当成了获客和留客的手段，过于强调以点击和转化来冲销量，而没有一个总体而长期的客户战略。事实上，在数字化时代，客户关系管理是企业战略的核心组成部分，要从宏观战略的高度来理解、设计和实施客户关系管理。

具体来讲，实施客户关系管理的第一步，就是要建立一个以客户为中心的组织，否则客户关系管理根本无法落地。有研究表明，在所有失败的客户关系管理项目中，近九成是因为企业的文化和组织架构没有进行相应的变化。以自我为中心的，具有工业化时代特征的企业，是无法有效实施客户关系管理的。

因此，客户关系管理是一个涉及企业方方面面的大战略，企业架构、运营流程、绩效考核、员工培训和薪酬政策等，都要进行相应的改变，才能确保它的成功。

比如，美国电力设备行业的百年老店，即后来被施耐德电气收购的实快电力（Square D），在实施客户关系管理项目之前，先把以产品线为导向的组织架构变成了以客户群为导向，同时把其他职能部门整合起来，共同协作，为客户群提供支持。这一组织变革用了三年时间才完成。可见进行客户关系管理之前要做好大量的准备工作。

另外，作为企业的核心战略，客户关系管理不是一个单独的业务，而是跨部门的事情，需要企业各部门的无缝协作，共同参与。所以，在很多情况下，需要企业创立新的职位，比如首席客户官（CCO，chief customer officer）或者首席体验官（CEO，chief experience officer），来协调和联通各个相关部门。

◎ 客户关系管理的四个维度

破除了客户关系管理的三个误区之后，企业如何有效地进行客户关系管理？

要理解客户和企业的关系至少有四个维度，要从这四个维度来构建围绕客户的"关系之网"。

第一，产品和客户。

企业是很抽象的，要和客户建立情感关联，首先要从产品入手。也就是说，和客户建立的第一层关系可以通过产品实现。

主流观点在讨论客户关系时，往往强调和客户建立情感关联，形成"强情感"就自然而然形成"深度关系"（deep relationship）。事实上，尤其在 C 端市场，客户很难和一个无生命的产品或一个抽象的企业形成真实的情感。因此，客户关系的基础应该是客户对产品的依赖关系，也就是要让客户对产品形成"强依赖度"，让客户根本离不开你的产品。

微信就是最好的例子。大众的生活极其依赖微信，就算对它没有情感，也和它建立了超强的关系。其实，没有强依赖度的客户关系便没有坚实的基础。构建客户关系的核心不是构建强情感度，而是强依赖度，让客户对企业的产品形成功能依赖。在 B 端市场的客户关系尤其如此。

要让客户对企业产品形成强依赖度，除了产品要解决客户的刚需之外，还可以向客户提供"全场景解决方案"。具体而言，企业要从客户消费场景分析（consumption scenario analysis）入手，首先洞察客户在整体消费旅程中各个场景的总体需求，然后通过提供总体解决方案满足这些需求，从而让产品和服务深度嵌入客户旅程各个阶段的关键场景，成为他们不可或缺的帮手。这自然就会带来客户和产品之间无法割舍的关系。

例如，国半（National Semiconductor）这家半导体芯片公司，就利用这种方法，通过分析客户整体旅程中的各个主要消费场景，如产品设计、设计测试和下单购买等，发现了他们在不同阶段的核心需求，如自动化设计、功能模拟和便捷采购等，并由此打造了满足客户各项需求的总体解决方案，让他们数小时之内就可以完成以前需要几个月才能做完的工作，从而建立了强客户关系。

第二，品牌和客户。

和客户建立的第二层关系可以通过品牌来实现。其实，品牌就是一种和客户的情感关联。很多企业投入巨资打造品牌就是想建立这种客户关系。但是，这个维度有局限，就是在 C 端市场，对于和个人身份与形象相关的品类，比如手机、摩托车和手表等耐用品，这种关系比较容易建立，但对于食品、牙膏和洗衣粉等快消品则比较难。在 B 端市场建立这种品牌层面的情感关联，就要靠产品的过硬质量，要让客户对企业和产品有百分之百的信任。

第三，企业和客户。

在企业和客户之间建立关系，也是目前 CRM 系统关注的客户关系类型。一般是由企业的运营部门、客服部门、市场营销部门或销售部门从事这项工作，例如把客户按需求、利润贡献率或终身价值（CLV，customer lifetime value）做分层管理等。

第四，客户和客户。

建立客户和客户之间的关系是客户关系的第四个维度。随着数字化时代的发展，这个维度越来越重要。品牌社群，包括私域就是在建立这种关系。客户在运营良好的品牌社群中可以形成参与感、归属感和荣誉感，通过和社群的其他成员建立情感关联，进而形成对企业或品牌的强关系。

哈雷摩托的品牌社群就是经典的例子。哈雷通过设立骑手俱乐部（HOG，Harley Owners Group）成功地打造了一个哈雷大家庭。众多成员在这个社群中频繁互动，成了亲密的朋友和伙伴。这种社群关系帮助哈雷和广大客户之间形成了以情感为基础的强关联。其他品牌如露露乐檬和特斯拉汽车等也是通过这种方法建立了深厚的客户关系。很多客户成为粉丝，甚至是产品代言人，自发地不断扩大客户关系圈，极大地强化了这些企业和客户的情感关联。

在 B 端市场建立这种客户社群就更为重要。例如，德国软件巨头 SAP 就通过建立一个活跃的客户社群，让客户互帮互助，解决了他们大量的问题。这样就构建了这些客户和 SAP 的紧密关系。

如果一个企业在正确的理念、组织和战略的引导下，围绕以上四个维度构建和客户的关系，就一定能够打造出长期稳定、良性健康的客户关系，真正实现客户和企业的互利双赢（见图 14-1）。

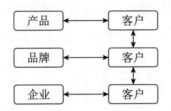

图 14-1　客户关系管理的四个维度

○ 客户关系管理的四个要点

最后还需要强调几点：

第一，价值是一切客户关系管理的基础。构建客户关系的前提是创造客户价值。任何"轻产品，重关系"的企业都无法持续获得成功。

第二，要选择正确的客户。很多客户并不想和企业建立关系，而且很多关系型客户的服务成本可能很高，企业要能够按照客户价值和关系类型进行细分并聚焦正确的客户。虽然客户关系管理不是软件系统和数据平台，但是建立这些核心工具系统非常重要，可以帮助企业选对客户，同时更加有效地构建良性的客户关系。

第三，最重要的"客户"其实是自己的员工。企业首先要和员工建立互信的健康关系，才能激活员工全心全意地和客户建立积极的长期关系。

第四，关系型企业需要新的组织能力。除了数据分析能力、同理心，还要具有足够的关系智力（relational intelligence）。另外，在数字化时代，和客户建立朋友般的关系越来越依赖高质量的内容、个人化的产品和服务和即时的对话互动能力。由此可见，有效实施客户关系管理和所谓"关系资产管理"并不容易，需要企业在诸多方面实现升级。但是这是数字化时代每个企业获取成功的必由之路。

第十五讲

如何进行数字化营销？

进入数字化时代以后，数字化营销几乎成了所有企业的标配。虽然每个企业的管理者都已意识到数字化营销的重要性，但是对于数字化营销的理解和实践，不同企业之间有很大的差异。

很多企业以为数字化营销就是利用互联网工具和数字化手段，比如搜索引擎优化（SEO）、网络广告和社交媒体传播等，让商品信息更精准地触达更多的客户，实现获客的目标。其实，这些只是数字化营销的初级阶段。如果这样理解数字化营销，那么一个企业很难在数字化时代的市场竞争中取得持久的优势。

◉ 数字化营销的定义

什么是数字化营销呢？要回答这个问题，需要先回顾一下什么是市场营销。

在前面讨论过，市场营销绝不只是商业信息的传播或品牌的宣传，而是围绕满足客户需求，以便建立长期客户关系的一系列企业行为和职能。市场营销部可以看成是企业服务客户的界面，也就是负责解决客户所有问题的一站式"客户部"。

虽然很多企业仍然把市场营销视为传播和推广的部门，但是市场营销包含的职能应该更加广泛，例如市场战略的制定、市场调研、传播推广、品牌管理、渠道管理、销售和客服、客户体验设计、客户关系发展、价格管理和产品研发等。也就是说，一个企业所有和客户接触的环节，都属于市场营销的范畴。

这样看来，数字化营销不只是数字化的信息传播，而是将所有市场营销的职能数字化，从而更好地满足客户需求。通过网络媒体向目标客户精准地投放信息，只是数字化营销的第一步，向他们提供与消费场景匹配的、精准的数字化价值和体验，才是数字化营销的核心。这就是为什么可口可乐的前任首席市场官马克斯·德昆托（Marcos de Quinto）会说："只有那些没有真正的数字化营销战略的企业，才会聚焦社交媒体战略。"

耐克的数字化营销就充分说明了这一点。耐克不只是在社交媒体上发送内容或者投放广告，而是进行数字化产品研发、数字化零售、数字化服务、数字化物流和供应链管理，以及数字化客户关系管理，例如通过各种应用软件构建客户社群等。通过这些数字化举措，耐克为客户提供了非常丰富的全方位数字化价值和体验。

因此，从企业端来看，数字化营销是整个市场营销职能的数字化；从客户端来看，数字化营销是客户价值和体验的数字化。

◎ 数字化营销的八个内容

具体而言，数字化营销包括以下八个关键部分。

第一，数字化市场调研。

第二，数字化推广和传播。

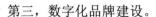

第三，数字化品牌建设。

第四，数字化产品研发。

第五，数字化客户体验。

第六，数字化渠道。

第七，数字化销售和客服。

第八，数字化客户关系发展。

当然，数字化营销的本质不但是把上述的营销职能数字化，而且通过数字化手段把这些职能整合起来，进行一体化的运作，为客户提供一个全方位的数字化体验。很明显，真正的数字化营销需要企业完成深度数字化转型之后，才能够全面落地。

对于传统企业而言，这是一件困难重重的事，需要一步步慢慢来。一般的做法是先从比较简单，涉及部门较少，而且能很快见效的领域入手，如数字化调研、数字化传播和数字化销售等。然后通过这些职能的数字化，倒逼企业的其他部门进行数字化转型。

真正的数字化营销虽然很难，但是对于企业而言至关重要。

因为商业时代已经发生了翻天覆地的变化，仍然沿用传统主流的市场营销策略和打法越来越低效。电商平台的崛起更让企业的影响力大大减弱。在这种情况下，数字化营销可以让企业在电商平台主导的时代直达客户，重新获取商业话语权。尤其对于中小企业而言，数字化营销为中小企业提供了一个在夹缝中崛起的关键手段。因此，企业没有其他选择，只有知难而上，一旦成功转型，就会势不可当。因为和传统营销相比，数字化营销完全具有降维打击的绝对优势。

虽然目前的数字化营销水平还无法为客户提供和他们消费场

景匹配的、精准的数字化价值和体验，但是已经可以实现某种形式的一体化营销，例如"全链路营销"。

◎ 全链路营销是数字化营销之魂

传统营销关注"整合营销"，就是确保所有的宣传媒介要统一发声，目标是影响消费者的判断。而"链路营销"聚焦消费者购买和沉淀，直接迈向"业绩"这个最终结果。

具体地说，传统营销是用传播手段让客户形成认知。客户有购买需求的时候，再去淘宝或京东上搜寻产品，然后经过比较而下单。在这个过程中，很多因素都会打断客户的消费旅程，阻碍客户最终的购买行为。

链路营销则完全不同。例如，当红主播在直播间推荐了某款产品，客户立刻产生购买冲动，直接下单购物，然后还可以加入这个主播的粉丝群，变成私域流量而沉淀下来。这个购买链路非常短，广告宣传、卖场、客服和客户关系等全部一体化，营销直接导向行为，购买立即建立关系，这样就形成了紧密的营销闭环。因此，这种营销模式具有传统营销永远无法比拟的优势。

可以说，全链路营销就是数字化营销的最大特点，也是数字化营销的优点。具体而言，全链路营销包括两个方面：客户全链路营销和渠道全链路营销。

◎ 客户生命周期全链路营销

先讲客户生命周期的全链路营销。

"客户全链路"是指企业对客户全生命周期进行洞察和精细化运营。客户的生命周期一般有以下五个阶段构成：知晓（awareness）、兴趣（interest）、购买（purchase）、忠诚（loyalty）和推荐（advocate），描述一个客户从非用户到新用户，再到老用户、大用户和强用户的整个过程（见图15-1）。

图 15-1　客户全链路营销

传统营销聚焦"知晓阶段"，主要是投放广告，对于影响客户的其他阶段，能够采取的有效手段不多，主要原因是传统企业缺乏有效的方法来深入地了解客户。因此，传统企业根本不知道客户到底身处哪个阶段，自然也就无法影响他们。

而数字化手段可以让客户透明化，也就是通过打通线上线下对客户进行全方位的观察和分析。这样就可以精准了解客户所处的具体阶段，以及他们在不同阶段和场景下的喜好。有了这些信息，企业不但可以影响客户在各个阶段的判断，而且可以把客户生命周期的前、中、后端作为一个整体来规划，实施个性化的精准策略，以促进客户在各阶段的转化。更重要的是，企业通过精准了解客户在不同阶段和场景下的喜好，可以精准预测需求，并能引领和创造需求。

例如，如果知道某个客户已经完成了首购，就不要再推送广告，而要建立数字化交互和沟通，例如通过应用软件、社交媒体账号和品牌社群优化客户在各个触点上的体验，形成客户黏性。这就是客户全链路数字化营销。客户全链路数字化营销可以使企业实现对客户的全场景覆盖，从而在客户生命周期的每个阶段都对客户施加有效的影响。同时还能够做到客户价值和体验设计和交付的精准化和定制化，最大限度地满足客户需求，从而构建长期稳定的良性关系。国内头部互联网企业如腾讯、字节跳动和阿里等都是客户全链路营销的积极推动者。

◉ 渠道全链路

再谈谈全链路营销的另一个方面——渠道全链路营销。

传统营销对渠道伙伴的运营情况虽然有所了解，但远远不够，因此，无法即时有效地进行干预和优化。数字化营销可以让渠道透明，企业可以随时判断情况并进行干预，同时可以实现 B 端和 C 端的一体化，也就是打通厂家、经销商、零售商和客户的数据链条，不但能够帮助企业更好地决策，而且能激活更多的需求。

例如，洋河酒业利用"一物一码"和微信小程序直达消费者，并以此为服务平台联通经销商。在零售商层面，洋河则利用客户关系管理（CRM）小程序和微信开发的"门店助手"实现线上运营。通过这些数字化服务界面为经销商、零售商和消费者赋能，如向经销商提供库存管理服务和金融服务等，帮助零售商获得开展营销活动及在线返利和支付能力等。洋河酒业联通了渠道的全链路，充分激活了客户需求，同时有效地构建了和渠道伙伴、消费者的良性互利关系。

随着 5G、物联网、人工智能和虚拟现实等高端科技的发展，任何产品都有可能成为互动终端。所谓"万物皆屏，万物皆媒"，企业最终将有能力在全链路营销的基础上，将品牌深度嵌入客户生活的方方面面，实现全场景、全需求的覆盖，通过打造品牌全景体验，让客户沉浸在包罗万象的"品牌世界"。可以预见的是，

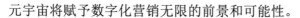

元宇宙将赋予数字化营销无限的前景和可能性。

总结起来，数字化营销的关键词就是"一体化"。

从客户端看，就是客户生命周期和消费整体体验的一体化。例如，数字化将消费者的认知、交易和关系融为几乎同时发生的一体，极大地方便了客户。现在的互联网品牌如完美日记、花西子和三只松鼠等都具备这种数字化能力。

从企业端看，就是职能部门之间和商业伙伴之间的一体化。数字化打破了过去各司其职的职能部门如品牌、活动、公关、新媒体和运营等厚重的部门墙，让企业运营更加快捷高效。同时，数字化也把商业伙伴整合为紧密配合的生态系统。

○ 数字化营销的组织支持

既然数字化营销如此重要，那么企业应该如何实施？实施数字化营销需要分几步走。

第一，建立"以客户为中心"的企业文化。

很多企业一想到数字化营销，会立即联想到数据中台和市场营销技术（MarTech）。其实，技术不重要，文化最重要。数字化营销不仅是一种技术革命，更是一场观念革命。数字化营销代表的是真正以客户为中心的经营哲学，可以说，营销数字化就是企业客户化。数字化营销不是战术层面的事，也不是技术层面的事，而是企业文化和战略层面的事，必须由一把手来主导。

第二，制定合理的客户战略。

技术和数据只是解决问题的工具。数字化营销的基本逻辑仍然是目标客户的选择、客户需求的洞察和战略目标的确定。这些是数字化营销的顶层设计，必须清晰合理。

第三，构建数据能力。

数字化营销需要企业具备数据能力。这大致包括四件事：生成客户数据库、组建数字化团队、建立数据中台和构建数据生态体系。

客户数字化是一切数字化营销的前提，需要把客户标签化，并按照自然属性、终身价值、行为和场景、关系类别等进行分类。数字化团队则需要软件、算法和计算机技术方面的专业人才。更重要的是，这个团队必须具备战略牵引能力，可以跨界联通各个业务和职能部门，所以需要高层领导亲自挂帅。可口可乐和耐克都任命了首席数字营销官（chief digital officer），其直接向总裁汇报工作。首席市场官本应该是最合适的领导者，但大多数首席市场官缺乏对数字营销的理解和执行能力。

建立数据中台也很重要。数据中台是数字化营销的神经中枢，也是服务客户的前沿。数据中台和前台、后台相配合，才能较为准确地洞察同一个消费者互动、转化和维系的全过程。只有中台实时在线，才能有效进行数字化营销和企业与客户的一体化运营。

有效实施数字化营销，还要搭建数字生态系统，尤其是建立内容生态，否则企业就算能够直接接触客户，也很难产生黏性，留住客户，更无法构建长期良性的客户关系。当然，完整的数字生态系统远远超出只是聚焦"内容"的新媒体团队，还包括商业伙伴和客户本身。

◎ 数字化营销的实施步骤

在具体推进过程中，数字化营销可以分为三步走。

首先可以实施门槛最低的"数字化传播"，如信息传播、品

牌推广和市场活动等。这也是大多数企业目前所处的阶段。

　　然后是推进到数字化产品研发，同时向客户提供更加数字化的产品和价值，如耐克的数字化跑鞋和健身服务。在这个过程中，和客户进行有针对性的互动沟通，逐步建立客户数据库。

　　最后，具备足够的客户数据和洞察以后，企业可以推动客户生命周期和渠道全链路营销。再往后可以引入人工智能、虚拟现实等技术，推动自动化、智能化营销，真正开始客户体验全过程的运营管理。

　　实施数字化营销，没法速成，起步就需要三年，见成效至少要五年，甚至更长时间。在这个过程中，最大的挑战不是技术，而是观念、组织能力和组织架构的演进。其实，数字化营销的根本，是企业的数字化转型，这是一个企业脱胎换骨的艰难过程，也是内功的修炼，想快也快不了，所以企业需要具有战略耐心和坚持。

　　还有一点需要强调的是，数字化营销的目的，不只是提高效率，用"旧鞋走新路"，而是要实现营销的创新和运营模式的创新，为企业提供增长的新路径，所谓"用新鞋走新路"。另外，数字化营销并不是传统营销的替代物，二者是互补共赢的关系。其实，通过数字化为传统营销赋能，会让传统营销更有成效。在推动数字化营销的时候，要有这种互补而非替换的心态。这样，才能让这项工作进展得更为顺利。

第十六讲

如何构建高效的营销部门?

市场营销部对一个企业非常重要,它可以直接决定企业的成败。建立市场营销部是一个企业需要慎重对待的大事。搭建一个高效的市场营销部是很不容易的。

◎ 市场营销部低效的三个原因

第一,和其他部门相比,市场营销部的组织定位是最模糊的。

"市场营销"这个词,本身的含义就比较模糊,所以市场营销部在企业中到底应该承担什么样的角色和责任,每家企业的理解都不太一样。

以 B 端企业为例,有的企业中,市场部负责品牌工作,而在另一些企业中,市场营销部可能就管销售线索。甚至还有些企业,把市场营销部当成了生产内容的流水线,或者是标书制作部门,是一个有职无权的摆设。在这种模糊的定位下,市场营销部很难发挥自身应有的作用,自然也无法高效。

第二,市场营销部的建立并没有一个固定的模式。

不同的行业之间市场情况的差异很大。在企业发展的不同阶段，对市场营销的需求也不同。因此，并没有一个放之四海而皆准的市场营销部通用模式。行业和业务规模都会直接影响到市场营销部的大小、职能和架构。市场营销部的建立，没有什么章法可遵循，全靠企业根据具体情况自己摸索。这个部门能否建好，完全取决于企业对市场营销的悟性。

第三，市场营销部本身就是一个动态的部门，需要不断调整和优化。

市场变化极快，企业的业务也时刻在变。因此，市场营销部需要不断调整才能满足企业的需要。例如，在工业化时代非常有效的市场营销手段和能力，到了数字化时代就逐渐失效。而在数字化时代，市场营销几乎就是数字化营销，需要成立一个新型的市场营销部。对很多企业来讲，频繁调整部门并不是一件很容易的事。

这样看来，企业有一个功能正常的市场营销部已经很不容易，让它高效运转就更难了。这里我们先定义一下什么叫"高效"。所谓市场营销部的高效，就是市场营销部能够直接驱动企业业绩的增长。这就是数字化时代市场营销部最合理的组织定位。

◎　建立市场营销部的三步骤

了解了市场营销部的定位，企业就可以开始讨论怎么建立起一个高效的市场营销部。

具体来讲，企业可以从以下三个方面入手。

第一，确定职能。

职能不清晰是造成市场营销部无法高效运作的关键因素。由于面对的行业、市场和客户不同，每个企业的市场营销部所承担的职能也有很大的不同。企业在定义市场营销部的职能时，一定要先树立"以客户为中心"的文化，这样才能对市场营销部的本质有清晰的认识。理解了市场营销部的作用和目标，才能够确定正确的职能。

第二，配备能力。

传统的市场营销部主要聚焦传播和品牌，需要创意和文案能力。数字化时代的市场营销部要承担更多元的工作，也需要更加广泛的能力，尤其是数据获取、分析和洞察能力。可以说，进入数字化时代以来，每个企业都面临着市场营销部的能力再造问题。

第三，有效管理。

市场营销部是一个比较独特的部门。在这里，既有天马行空的创意人才，也有严谨客观的数据专家。不同人才的性格、动机和工作特点不同，用于考核的业绩指标差异也很大。有效管理并激活这样一支混合队伍，需要企业管理人员具有很强的同理心和高超的管理手段。

◎ 市场营销部的职能

先说第一个方面，确定职能。

所谓"确定职能"，就是清晰而合理地定义市场营销部所要承担的工作。确定了职能，才能定下市场营销部的目标，也才能知道其所需的能力和比较合适的业绩考核指标。

市场营销部应该承担什么样的职能？

如果市场营销部的定位是驱动企业业绩的增长，那么市场营销部要承担两种职能，一种是对外的职能，另一种是对内的职能。

在工业化时代，企业的市场营销部主要聚焦对外的职能，也就是"获客"。采取的手段大多是围绕品牌和产品进行传播和推广，例如社媒营销、广告、促销、搞活动和公关等。有些企业的市场营销部还会做客户洞察。但此时的市场营销部都算不上战略性部门。

在大多数企业里，首席市场官（CMO）是所有 C 字头高管里面最没有话语权，也最没有存在感的。有研究显示，在高管团队里面，首席市场官是平均任期最短的（3 年）。而且只有 10%的首席市场官感觉能够得到首席执行官的全权信任。

进入数字化时代以后，情况就完全不同了。

市场营销部变得越来越重要，正在成为战略部门，类似一个企业的大脑和神经中枢。市场营销部开始联通并且牵引企业的其他职能部门。

这是因为数字化时代就是客户驱动的时代。这个时候，客户期待的不是一个孤立的产品或服务，而是一个端到端的整体解决方案，以及涵盖客户总体旅程的优质体验。要想满足数字化时代日益挑剔的客户，企业所有的职能部门不但方向要正确，还需要进行深度协作，才有可能实现高难度的价值交付。

市场营销部作为企业内部时刻聚焦客户的部门，必须担起指引和协同的工作。这就要求市场营销部强化两种对内职能——战略和协同。

作为一个战略部门，市场营销部最重要的职能就是制定市场营销战略，为企业提供正确的前进方向，也就是对准客户需求。

而协同就是联通各个职能部门，为客户提供无缝对接的"一条龙"服务。

协同职能要求市场营销部细致地教育和培训其他部门，例如告诉其他部门聚焦客户的重要性和具体方法，使用市场营销材料的最佳场景和手段，等等。同时，市场营销部还要成为收集和发放客户洞察的信息中心。

数字化时代的市场营销部有四个核心职能：战略、协同、洞察和获客。更准确地讲，是"陪客"而不只是获客。因为在数字化时代市场营销部应该实施涵盖客户整体生命周期的全链路营销。客户签单不是终结，而是一种开始。市场营销变成了一个从客户到客户的端到端的闭环。市场营销部要贴近客户，提供全生命周期服务。

这样看来，市场营销部的主要职能是不断变化的。在工业化时代，市场营销部的主要职能就是执行。进入数字化时代后，由于各职能部门的边界开始变得模糊，市场营销部的核心职能就变成了引领和协同。市场营销部也逐渐从工业化时代的"烧钱"部门变成数字化时代的创收部门，地位不断提升。

这也就是为什么越来越多的全球大企业用首席增长官（CGO）取代了首席营销官。在不远的将来，首席增长官还会和首席技术官（CTO）或首席数据官（CDO）的职位重合，成为企业里面除了总裁之外最重要的职位。

◎ 市场营销部的岗位设置

明确了职能，也就决定了市场营销部需要设立的岗位。虽然具体的岗位和行业／企业规模和业务情况都有直接的关系，但是大致来讲，市场营销部的核心岗位有以下几个：

对外的核心岗位除了有数字营销专家（包括新媒体、内容专家，搜索引擎优化专家和数据分析专家），还有市场研究团队、客户体验设计专家、品牌经理、宣传及公关经理和客户关系总监。

另外，在数字化时代，市场和销售的边界越来越模糊，最好把销售部整合到市场营销部，由首席增长官统一管理。这时候，对内的核心岗位还需要加上一个销售总监。

对内的核心岗位要有战略规划专家、内部沟通和协同经理。如果企业的资源允许，甚至可以考虑在每个职能部门配置一个市场部专员，负责客户洞察的收集和分发，以及加强部门之间的协同。

◎ 市场营销部的能力

构建高效的市场营销部的第二个方面——配备能力，就是要给市场营销部配置相应的能力。

今天的市场营销必须是数据驱动的。传统的市场营销人员大多是文科和创意背景，缺乏技术能力和数据思维。而数字化时代的市场营销部，必须具备的第一个核心能力就是数据能力，另外两个核心能力是内容能力和协同能力。

先聊聊数据能力。

在数字化时代，市场营销部是一个高度依赖数据的部门。没有数据，就没法决策。因此，企业一定要尽早建立数字化营销团队。先找到合格的数字专家，再打破数据孤岛，建立一个跨部门的数据库。然后用各种数字化工具把市场营销部充分"武装"起来。这样就具备了初步的数字营销能力。

内容能力是数字化时代市场营销部必须具备的另一项核心能力。数字化时代一种主要的营销模式就是内容营销，也就是通过高质量的内容吸引客户并实现转化。现在各种新媒体营销，包括直播，还有打造品牌 IP 等，其实都是内容营销。

持续打造出高质量的内容并不容易。市场营销部需要成为一个企业内部的微型媒体公司，具有内容创造和编辑能力、多媒体制作能力和设计能力，等等。企业的媒体化也是一种大趋势。像是 C 端的红牛、Peloton，以及 B 端的艾睿电子（Arrow Electronics）等几乎都变成了媒体公司。由此可见在数字化时代内容能力的重要性。

市场营销部的第三个核心能力是协同能力。

前面已经讲过了协同能力的重要性。市场营销部需要的协同能力，其实包括对内和对外两个层面。对内协同就是联通所有的相关职能部门，例如销售、人力、工程、技术支持、研发和服务等。对外协同就是联通生态系统中的第三方企业，使其可以紧密合作，共同服务客户。

具备了这三个核心能力还不够，市场营销部的高效运作还依赖有效的管理。

◎ 市场营销部的管理

对于管理的大原则，各个部门都是一样的，例如要制定清晰的目标，建立标准化的流程，还要有合理的考核机制等。在这里只强调三个要点：

第一，要雇用有多元背景的人。

数字化时代的市场营销人员必须是多面手，不但要懂营销业务，而且要懂信息技术和数据分析。也就是说，市场营销部需要的是又广又专的跨界人才。

首先要跨行业跨背景招人。其次，要对市场营销部人员进行轮岗培养，这样才能培养出视野广阔的通才。多年来华为在全公司范围内实施轮岗机制，培养了一大批情商和智商兼备的复合型人才。

其实，合格的市场营销人才非常稀缺，也是人才市场上争夺的重点。对于大多数企业而言，最可行的方法是招收高潜质的年轻人自行培养。因此，要建立完整的培训体系，营造学习氛围，给员工充分赋能。

第二，要投资营销自动化的工具。

数字化时代的市场营销要依赖强大的工具和信息技术系统。现在市面上有很多有关市场营销的数字化工具，例如各种类型的营销技术（MarTech），功能都很强大。企业要投资购买这些"先进武器"。

例如，美国软件企业奥多比（Adobe）推出的 Sensei 智能营销系统就有超强的功能，甚至可以取代一个小型的市场营销团队，而且最终的效果远超人力团队。

另外，市场营销工作的复杂性导致营销自动化和智能化成为必然趋势。今后的市场营销部，虽然职能越来越重要，但是人数可能会越来越少，在人工智能的加持下，效率反而会越来越高。

第三，要重新构建市场营销流程。

现在的市场营销流程都是按照工业化时代的逻辑建立起来的。在数字化时代，客户的消费行为和购买旅程发生了重大的变化。例如，客户在购买前通过各类信息进行自我教育以后，通常已经完成了80%的购买旅程。

这时候，市场营销人员不能只扮演一个内容生产者和销售支持者的角色，还要提供独特而全方位的价值，如精准的个性化内容和服务、解决方案的优化等，以成为一个真正的赋能者。另外，客户旅程也不再是简单而线性的，而是有很多的前后反复，随机性很强。而且，客户在旅程的每个阶段，也有了更多的接触点和需求。

这样的话，为了更好地服务客户，市场营销部应该按照客户旅程来构建市场营销的管理流程，以及和销售的合作流程，确保对客户进行全生命周期和全场景的覆盖，和销售一起，全程陪跑。

◎ 市场营销部高效的基础

当然，确保市场营销部的高效运作，关键还是要靠企业文化，就是真正"以客户为中心"。有了这样的企业文化，市场营销部就是企业最重要的战略部门。没有这样的企业文化，市场营销部就只是一个次要部门，根本无法发挥促进业务增长的核心职能。也就是说，一个企业必须转型为"市场营销型"组织或者"客户驱动"的组织，讨论如何搭建高效的市场营销部才真正有意义。

这种企业文化最好的体现就是给市场营销部派人和授权。

所谓派人，就是要给市场营销部配备企业里面最能干的人才，要让市场营销部成为企业里面装备最好、人员素质最高的"特种部队"。既然市场营销部最贴近客户，也最了解客户，那么就要充分授权，这样才能真正发挥市场营销部的作用。

　　其实，要想让市场营销真正高效，那它就不应该是一个有形的部门，而是植入每位员工大脑中的一个微型市场部。这个微型市场部时刻提醒员工把一切行为都对准客户。这样整个组织就变成了一个巨大的市场营销部，就像华为和亚马逊那样。到了这个时候，市场营销部尽管无形，但无处不在。这才是市场营销部管理的最高境界。

如何评估市场营销的效果？

市场营销开销对于任何企业而言都是一大笔费用。在快消行业，这笔投入可以占到总预算的四分之一。就是 B 端企业，平均市场营销费用也高达总收入的 13%。华尔街的一份研究报告显示，技术类企业在市场营销上的花销最高，占到总收入的 14%。

例如，微软的市场营销费用是总收入的 16%，而苹果的市场营销费用虽然只占到净销售收入的 6%，但比占比达 3% 的研发费用高了一倍。2020 年，苹果仅在搜索广告上就花费了 6500 万美元，同时苹果还计划在近期投入超过 5 亿美元来推广苹果电视流媒体服务。2021 年，全球广告花费更是破了纪录，高达 6500 亿美元。

◘ 市场营销效果评估的难点

企业对市场营销投入这么大，自然想知道自己的投入是否有效。然而，评估市场营销的效果一直是一个难题，在工业化时代尤其如此。主要原因是没有可信度高的模型和完整可靠的数据来支持验证营销效果。

例如，一个企业的市场营销部开展了一项推广活动，有广

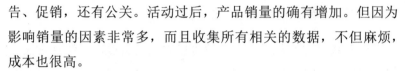

告、促销，还有公关。活动过后，产品销量的确有增加。但因为影响销量的因素非常多，而且收集所有相关的数据，不但麻烦，成本也很高。

　　企业并没有一个可信度高的模型和足够的数据来证明销量的变化和这些市场营销活动有直接的关系。就算营销投入和销售增长有关系，企业也没法知道每项投入对销售增长的具体影响程度。没有这个洞察，自然也无法继续优化市场营销费用的支出和分配。

　　在这种情况下，大多数企业只好采用一些定性的方法，比如利用小数据样本的市场调查，去衡量品牌的知名度、客户偏好度和客户购买意愿等软指标，然后看看市场营销的投入对这些指标有没有提升作用。

　　用这些方法相对容易，也可以获得数据，但弊病在于，这些软指标和产品销售很可能没有直接的关系。也就是说，客户虽然对一个产品表现出很高的偏好度，但是他们最后不一定购买这个产品。因此，这些指标的数值可能很高，但产品最终的销量就是上不来。

　　这就是为什么超过70%的企业对评估营销效果的方式都不满意，还有高达20%的企业根本不做任何评估。衡量和评估是优化市场营销管理的前提条件。只有进行客观准确的评估，企业才会知道市场营销的投入哪些有效、哪些无效，而且会了解为什么会如此。这样的话，企业才可以进一步优化自己的市场营销战略，从而进行精准投放，把市场营销资金落实到最具有效果的地方。因此，正确评估市场营销的效果很重要。

◎ 评估市场营销效果的两个障碍

进入数字化时代以来，企业可以收集大量以前无法拥有的数据，同时也有了更多的分析模型和评估工具可用，但是，还有两个主要问题阻碍了企业进行有效的营销效果的评估。

第一，缺乏正确的观念。

很多企业把市场营销部视为一个负责品牌推广、营销活动、公关和新媒体的战术部门。因此，企业对市场营销效果的评估就聚焦在提升企业和品牌的曝光度和"热搜度"上。这就是为什么数字化营销在过去十年发展很快，也造成了大量数据驱动评估工具的问世，但是企业仍然把媒体覆盖率和社交媒体帖子的火爆程度这种短期效益作为评估的主流考量。

事实上，自从进入"客户驱动"的数字化时代以来，市场营销部的职能发生了重大的变化。市场营销部从以前专注于传播和宣传功能的战术部门，逐渐成了牵引企业总体战略和其他职能部门的战略决策部门。市场营销部实际上开始全面负责企业的核心任务：持续而健康的业绩增长。

因此，对市场营销效果的根本评估，就是看它是否显著促进了销售的增长，简单地说，就是看它所带来的短、中、长期的利润，驱动企业的全面增长才是市场营销部最重要的职责和所有市场营销费用投入的最终效果，也是这个部门的 KPI（关键绩效指标）。这也就是为什么近年来一些知名的全球性企业，像金佰利（Kimberly-Clark）、高露洁和亿滋（Mondelez）等，用首席增长官（CGO）替代了首席市场官（CMO）。

市场营销的行为自然不能只是短期的营销活动，还得是长期的价值创造行为，如产品研发和渠道数字化变革等。如果在数字化时代仍把市场营销作为一个战术部门来看待，没有把客户需求作为驱动企业一切行为的原动力，那么无论怎样对市场营销的效果进行评估，无论这个部门如何高效地实现甚至超越了它所既定的 KPI，对企业大局影响都不大。

因此，正确的观念最重要：企业要非常清楚市场营销部的职能，才能确定市场营销投入的预期效果。在这个基础上，才能选择合适的评估指标和方法。观念如果不对，有再多的数据和模型也没有用。

第二，缺乏合理和完整的评估体系。

有些企业就算具备了正确的观念，若没有一套合理的评估体系，仍然无法对市场营销效果进行有效的评估。

一般而言，效果评估体系至少包括四个组成部分：一是评估流程，二是评估模型，三是评估数据，四是评估工具（见图 17-1）。评估流程表述评估需要经历的必要步骤，确保评估过程的专业化和稳定性。评估模型全面描述市场营销各个行为和企业增长的因果关系。评估数据是进行量化客观评估的基础，即收集清晰和客观的数据。评估工具则提供进行有效评估的手段，例如多点归因（multi-touch attribution）、市场组合模型（marketing mix modeling），以及其他相关的统计和数学工具。虽然这些方法也叫模型，但本质上是分析工具。

构建一套完整的评估体系才能对市场营销效果进行客观合理的评估。

一个企业应该如何衡量和评估市场营销效果？

首先，要树立正确的观念，从长期和宏观的视角定义市场营销部的职能。例如，市场营销部除了负责品牌建设、传播和推广等传统职能之外，还应该涉及产品研发、客户体验设计、客户关系、客户旅程管理、客服和销售等面向客户的所有职能。否则，市场营销部是无法实现驱动业绩增长这一核心目标的。这些行为有的是短期（如推广），有的是中期（如传播），有的是长期（如研发和客户关系），它们分别对应市场营销的短期、中期和长期效果。这些效果都要进行评估，才能从宏观和全面的视角整体衡量和优化一个企业的市场营销行为。

在此基础上，企业需要逐步构建出一套完整的评估体系。

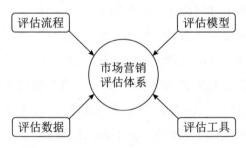

图 17-1　市场营销效果评估体系

❍ 市场营销效果的评估流程

先从评估流程谈起。评估流程大致有五步：

第一，确立商业和市场营销目标。

企业的商业目标是实现业绩的可持续性增长。为了确保这个目标的实现，市场营销部要以此来制订自身的短期、中期和长期的目标。在企业不同的发展阶段，市场营销部的目标也有不同，比如提升品牌知名度、促进转化和互动、维系忠诚度，等等。在这些目标下面，可能还需要若干小目标来支撑。

例如，为了实现"提升品牌知名度"这个目标，可能就需要增加网站和 App 流量、扩大粉丝数目、加强粉丝的参与和传播、提高媒体和渠道的覆盖度、签下头部"网红"或博主等若干小目标。只有根据企业目标明确了市场营销的具体目标，才知道应该采用哪些评估指标和工具来衡量市场营销投入的效果。例如，"加强粉丝参与和传播"这个小目标的评估指标可以是"评论数目"和"转发分享数目"等。

好的营销目标必须具备以下特点：简洁明了，和企业目标直接相关，可行性高，可以衡量，具有时效性（如一个月、一个季度或一年）。

第二，确定合适的效果指标。

市场营销有短期、中期和长期三种目标，衡量营销效果的时候要选用匹配的指标。评估短期效果，有触达率、点击率、曝光度、页面停留时长、跳出率、潜在客户生成（lead generation）和短期销量等；评估中期效果，有客户留存率、净推荐值（net promoter score）、复购率和中期销量等；评估长期效果，有客户终身价值（CLV，customer lifetime value）、品牌溢价、投资回报率（ROI）、长期销量和收入等。

一般的原则是要选择和市场营销目标匹配度高，行业通用性也较高，而且有行业基准作为参考的指标来衡量效果。

第三，对效果指标进行预估并设定"合格值"。

衡量指标选择好了以后，就要为这些指标定下"基准值"，也就是判定市场营销效果是否"合格"的最低值。最低值既可以是企业过去的表现，也可以是行业内同类企业的平均值，还可以是对标行业的平均值，或者是对标企业的最低值。当然，企业也可以设定一个效果"良好"和"优秀"的数值，作为判定的基础。

第四，进行实时或定期的监测和优化。

效果评估体系其实就是企业和职能部门业绩的晴雨表。一旦效果评估开始，就要按照既定目标进行实时或定期的跟踪监测。这样就可以在市场营销战略实施的过程中及时发现异常情况，并加以干预，将问题尽早加以解决。如果等到市场营销行为结束后再衡量，发现了问题也为时已晚。

第五，最终效果分析和总结。

效果衡量的最终目的是战略优化。衡量期结束以后，要对市场营销行为进行效果分析和总结。这就是很多企业都会做的项目复盘。项目复盘是一个非常重要的环节，不但可以帮助企业积累宝贵的经验，进一步优化企业的市场营销战略，而且可以为员工提供一个极好的学习机会。

华为在这方面就非常严谨认真。每个项目结束以后，华为的项目团队都要对战略实施的方方面面做细致的复盘分析，总结经验教训，为下一个项目的优化打好基础。这个工作不完成，项目团队都无法做最后的项目结算。

◎ 市场营销效果的评估模型

评估体系的第二个核心组成部分是"评估模型"。

所谓"模型"，就是描述现象后面各个变量因果关系的逻辑框架，也就是说明哪些因素或企业行为驱动最终期待的结果。

例如，市场营销的最终结果是企业业绩，一般用销量、收入、利润率、增长率或市场份额等来衡量。那么，驱动销量的市场营销行为，一般是惯常所说的市场营销组合（marketing mix）或者"4P"，也就是产品、推广、渠道和价格。在数字化时代，工业化时代的"4P"概念显然不够用，还要引入客户体验和社群联结等新要素，才能准确把握营销效果背后的核心驱动力。

市场营销效果的"评估模型"，就要说明这些市场营销行为和最终业绩的因果关系。例如，新媒体的投入是"销量"这个结果的主要驱动力。新媒体包括博客、微信、论坛、社区和短视频等。"评估模型"需要说明这些不同形式的新媒体投放是如何影响客户行为的，从而影响产品的销量和利润。

例如，一种可能的影响路径是：微信文章和推荐获得更多潜在客户的注意，这种注意引导客户进入品牌社区，在品牌社区的互动导致他们对产品产生兴趣，这个兴趣会让他们进入电商平台去了解产品本身，在阅读完用户评论后下单购买产品，使用后可能重购，多次重购后可能开始推荐，最终成为品牌的忠诚客户，长期为品牌贡献销量和利润。这基本就是今日头条现在推广的全链路营销的 5A 模型。电通公司的 AISAS 模型和阿里巴巴的 AIPL 模型也大致遵循了这个逻辑。

有了这样的模型，就可以对市场营销效果进行微观、中观和宏观的分析。也就是说，可以精细地考察市场营销行为将客户从"注意"阶段转到"兴趣"阶段的转化效果，还可以考察从市场营销前端投入到后端产出的总体效果。这样不但可以客观准确地衡量出市场营销的总体效果，而且能对市场营销的全流程进行全面优化。

当然，市场营销驱动销售的机制不只是通过信息对客户的触达，更取决于产品和客户总体体验的质量。市场营销对最终业绩的效果还应该通过它对产品研发和客户体验设计等方面的牵引来实现。市场营销这种对企业内部职能的正面牵引作用才是驱动长期业绩的真正因素，自然也要放入效果评估模型中。

例如，在衡量市场营销效果时，可以逐步引入新品开发数目、新品成功率、客户体验的无痛率、客户关系强度和品牌情感度等指标。但到目前为止，还没有企业做这个工作。只有把这些指标也放入市场营销效果的评估模型，这个模型才算完整，才能全面衡量市场营销的总体效果。

这一点对于 B 端企业尤其重要，因为在 B 端市场，企业最后的销量和收入往往是面向客户的各个职能部门整体努力的结果，很难把单一的市场营销行动和收入挂钩。只有从宏观的层面衡量市场营销行为的效果，才能真实地反映出市场营销行为对推动业绩做出的真正贡献。

这样看来，"评估模型"是一个极其重要又相当复杂的工程。"评估模型"是市场营销效果评估模型的核心。有了这个模型，企业才能在评估后做进一步的优化。这才是评估的真正目的。其实，评估模型的质量才能反映出企业之间评估水平的真正差别。对于数字化时代的企业而言，这将是进行市场营销管理的基本能力。

◎ 市场营销效果的评估数据和工具

评估体系的第三个重点是"评估数据"。构建数据的关键是要形成具有一定深度和广度的营销数据闭环，也就是围绕目标客户形成涵盖营销全过程（例如从曝光、点击、互动到购买）的完整数据链，从而把"营销活动"与"消费者购买"连接起来。这

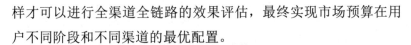

样才可以进行全渠道全链路的效果评估，最终实现市场预算在用户不同阶段和不同渠道的最优配置。

最后，"评估工具"的选择也很重要。一般而言，营销组合模型采用宏观层面的汇总数据，更适合于传统渠道的营销评估，而营销归因模型基于即刻实时获取的个人层面数据，因此更适用于数字营销效果的衡量。当然，现在绝大多数的企业采用了线上线下整合的模式。因此，最佳的方法是整合营销组合模型和归因模型，形成"总体归因模型"（holistic attribution model）。从目前来看，能够做到这点的公司非常少见。

目前市场营销效果的评估仍然处于早期的发展阶段。在技术创新的推动下，这项工作时刻都在变化中。但一个不变的事实是，进入数字化时代以后，这项工作正变得越来越重要。

第十八讲

中小企业如何做市场营销？

前文讲述了市场营销中最重要的模块，例如战略规划、需求分析、用户体验、购买决策、品牌管理和效果监测等。从这讲开始，探讨这些核心内容在三个具体场景中的应用，即中小企业、B 端企业和出海企业。这三类企业的市场营销具有很强的特性，因此就每个专题分别进行讨论。

先说中小企业应该如何做市场营销。

◉ 中小企业市场营销五原则

中小企业做好市场营销不容易。中小企业没有太多的资金，更没有品牌效应，还时刻面临生存危机。在这种情况下，要想在大企业的夹缝中打开一片天地，中小企业在做市场营销时就必须高度聚焦，而且要用巧劲，同时不按常理出牌，还要敢冒风险，所谓"富贵险中求"。中小企业如果还想稳扎稳打，很难有出头之日。

数字化时代给了中小企业一个弯道超车的机会，就是利用数字化手段，改变游戏规则，从而实现突破。在海外市场迅速崛起的优步、爱彼迎和希音就是这种打法。从目前来看，这其实是中小企业做市场营销最重要的战略方向。

简单地说，中小企业做市场营销大致有五个原则：第一，战略聚焦；第二，借力打力；第三，出奇制胜；第四，避实击虚；第五，数字赋能（见图 18-1）。如果中小企业能够很好地遵循这五个原则，就会在竞争激烈的市场上快速实现突破。

图 18-1   中小企业市场营销的五星模型

○ 战略聚焦原则

对于中小企业而言，实施"战略聚焦"的必要性显而易见。本来人力和财力就很有限，必须把好钢用在刀刃上。用华为的话说，就是要"力出一孔"。从市场营销的角度来看，就是要聚焦一个细分赛道。这样才能快速实现突破。

这几年快速崛起的新国货品牌都是聚焦一个细分赛道而实现了突破，这些细分赛道，一般是大企业忽略的市场空白处。例如元气森林的"无糖气泡水"，花西子的"东方彩妆"和钟薛高的"低糖高端雪糕"等。

这个细分赛道也可以由特定的消费场景来定义，例如曾经很流行的香飘飘奶茶，就聚焦"小饿小困"这个特定场景，而钟薛高聚焦的场景是家庭消费。

◎ 借力打力原则

"借力打力"是说中小企业"要团结一切可以团结的力量"，借助外力来突破市场。一般而言，借力打力有四种常见的方法：定位借力、联名借力、粉丝借力和达人借力。

"定位借力"就是在品牌宣传时借用头部企业的品牌效应。例如流媒体全球领袖奈飞在刚刚出道时，就把自己称为"流媒体行业的苹果"。郎酒集团在推广青花郎时也曾宣传自己是"中国两大酱香白酒"之一，依托了茅台效应。经典的还是安飞士（Avis）当年宣扬"我们只是第二名，所以要更努力"，巧妙地借用了行业领袖赫兹的品牌知名度。

"联名借力"就更为常见。例如，早期的华为和德国徕卡的合作，就显著地提高了华为的品牌形象。完美日记和奥利奥，花西子和纽约时装周，钟薛高和娃哈哈等，都是基于这种考量的跨界联名。

"粉丝借力"也是中小企业常用的方法，就是发动群众，通过口碑来赢得广大群众的支持。经典的案例就是早期的小米。当年，小米一反业界惯用的做法，放弃了成本很高的密集广告宣传方法，而通过极致的产品体验和强烈的参与感，在推出第一款手机之前，就成功构建了一个人数高达五十万的热情粉丝群体，为小米的崛起做出了重要贡献。

当然，如果有资源，也可以实施"达人借力"。所谓"达人"，就是"关键意见消费者"。他们数量多，推广费用相对低一些。例如现在很多美妆产品会找行业里的达人去做推荐。而且，如果达人真心认同你的产品和品牌，还会自愿推广。现

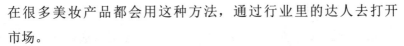

在很多美妆产品都会用这种方法，通过行业里的达人去打开市场。

全球知名瑜伽品牌露露乐檬在创立之初就依赖瑜伽健身达人在各自开设的瑜伽班上做产品推广，由此慢慢打开了局面。现在风靡美国的家居健身自行车品牌派乐腾（Peloton），也是靠自己培养的一批具有明星气质的健身教练积聚了大批客户。"达人"对完美日记和花西子的崛起也起到了重要的推动作用。当然，对客户影响最大的"达人"恐怕是他们的朋友。因此，利用社交网络进行"裂变""拉新"也是中小企业常用的手段。在这方面，瑞幸咖啡和拼多多也是比较典型的案例。

○　出奇制胜原则

当然，借力打力是大家耳熟能详的做法。单靠借力打力肯定是不够的。中小企业还需要"出奇制胜"，也就是进行营销创新。这是考验中小企业市场营销水平的关键领域。对于中小企业而言，可以从下面几个方向考虑进行营销创新。这几个方向分别对应市场营销中的获客、互动和转化三个工作。

第一，宣传手段创新。

这项工作对应"获客"。

在宣传模式上进行创新的可能性很多，也最容易运作。例如，全球知名的手表品牌SWATCH，在刚刚创立的时候，就启动了一个很前卫的营销创新。主流营销方法聚焦在传统的媒体宣传上，SWATCH却率先赞助了年轻人扎堆的音乐节和艺术活动，很快就获得了年轻人的追捧。

知名的能量饮料品牌红牛，则是通过一些高风险高、刺激的极限运动来宣传自己。这些极限运动都非常新奇，很吸引人。为了强化宣传效果，红牛还创立了自己的媒体公司。这样红牛很快成为家喻户晓的全球品牌。

在数字化时代，有了所谓的"两微一抖一书"（微博、微信、抖音、小红书），这样的创新就更多了。目前流行的"直播带货"和在抖音及快手上进行的短视频营销都是宣传方式的创新。在这个时代，产品、渠道和宣传媒介逐渐融为一体。新国货品牌如完美日记、元气森林、喜茶和花西子等都非常注重产品的"颜值"和"成图率"，线下体验店就是因为产品和渠道正变成最有效的宣传工具。

第二，前端服务创新。

这项工作也对应"获客"。

中小企业可以"先服务后营销"，以此吸引客户并建立互信的关系。例如，美国的医疗企业CareMore专门设立了为糖尿病患者治疗小创伤的处理中心。这个处理中心不以营利为目的，只是为了帮助患者解决痛点，从而获得了大量的客流。喜茶刚开业时，苹果和安卓的生态系统尚不完善。为了吸引顾客，喜茶向来店里的客户提供的一些免费服务大受欢迎，吸引了很多人来店消费。

在数字化时代，中小企业可以通过较低的成本来提供前端服务。例如，企业可以通过向客户提供高质量的内容为客户赋能，帮助客户解决实际问题。这种赋能型"内容营销"本身就是一种免费的前端服务。美国数字营销龙头企业HubSpot，在创立初期就是通过这种方法迅速打开了局面。

第三，交互模式创新。

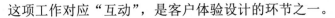

这项工作对应"互动"，是客户体验设计的环节之一。

在工业化时代，企业和客户的互动非常有限，中小企业更是没有精力和资源投放在这方面。进入数字化时代后，通过数字化平台和工具，中小企业便可以和客户建立直接的交互界面，进行即时互动。

小程序就是一个非常典型的互动工具。周黑鸭、喜茶和全棉时代等都有小程序。喜茶小程序的用户人数超过千万。另外，应用软件也是企业和客户进行交互的重要界面。但其开发成本较高，技术上也较为困难，可能对一部分中小企业并不适合。今后随着物联网、虚拟现实和通信技术的进一步发展，商业社会将进入万物皆媒体和渠道的时代，更多的界面会成为企业和客户进行交互的平台。在交互模式上一定会有更多的创新。

第四，渠道触达创新。

这项工作对应"转化"。

中小企业对主流渠道的影响力很弱，需要另辟蹊径进行渠道模式的创新。例如，当年名不见经传的戴尔电脑，就是通过电话直销的方式打开了市场。瑞士的大众手表品牌SWATCH也是如此，在创立初期SWATCH推出了快闪店的模式，直达年轻人这个核心客户群体。

在数字化时代，迅速崛起的新国货品牌，例如完美日记、三只松鼠、花西子和元气森林等都是靠电商渠道触达大批顾客。三顿半在创立之初则是利用"下厨房"这个应用软件，把产品推送给美食爱好者。微信小程序也是一个常用的客户触达渠道。随着万物互联和元宇宙时代的到来，中小企业会有更多触达客户的新渠道和新方式。

近几年很火的"直播带货"就是一种重要的渠道创新。这种模式把渠道、宣传和互动完全融为一体，让客户的整个消费链路汇聚为一点，因此具有强大的客户影响力。"直播带货"将成为数字化时代的主要商业形态。

◎ 避实击虚原则

"避实击虚"就是避免和大企业抢夺客户，而要开拓新市场或者进入"蓝海"，也就是创造出新客户。在很多情况下，这意味着企业需要进行"品类创新"。前面已经讲过品类创新的方法。在这里只需要强调三点：

第一，市场营销的核心不是传播，而是确保企业创造并交付可以满足客户需求的优质价值。这个优质价值的载体就是产品。因此，市场营销最终要回归到产品上。产品才是最好的市场营销工具。一个企业如果有强大的产品，那么获客、转化和留存就都不是什么问题了。

对于中小企业更是如此。1998年谷歌刚出道的时候，雅虎已经在市场上称霸了四年之久。但谷歌的产品远超雅虎，谷歌根本没做什么推广，就依靠着用户自发的口碑而迅速崛起。这样看来，中小企业做好市场营销的真正秘诀，就是开发出一款超预期的极致产品。用伊隆·马斯克和彼得·泰尔的话说，就是要在核心效能上比竞争对手好十倍。

第二，品类创新绝不是大企业的专利，对于中小企业而言，这种创新具有很高的可行性。其实，由于企业文化和管理流程的限制，大部分大企业反而不擅长品类创新。

这就是为什么近年来很多新国货品牌靠着打造新品类而实现

了突破。但是，至少在快消品领域，真正具有竞争壁垒的品类创新并不多。中小企业要想真正崛起，只有走技术路线，打造出货真价实的品类创新，仅靠概念创新来打造新品类是无法长久的。

第三，数字化是中小企业崛起的契机。依托数字化能力，中小企业可以创造出新品类、新体验和新服务，从而开拓新市场，并不断扩大新市场的规模，最终实现对大企业的超越和替代。要强调的是，这不能只是传播和内容层面的浅层数字化，而是价值创造和交付以及商业模式层面的深层数字化。

例如，全球客户关系管理系统的领袖企业赛富时（Salesforce），在 20 世纪 90 年代后期创立时，软件行业仍然是工业化时代的做法，要求客户购买磁盘下载软件，然后定期升级，过程非常麻烦，而且成本很高，耗时耗力，客户的痛点极多。赛富时作为一个新创企业，推出了一个真正的品类创新，即基于"软件即服务"（SaaS）的客户关系管理系统。这代表一种崭新的客户价值和商业模式。客户无须购买并安装及维护软件，完全在云端上运作，并交付月租费用，真正实现了按需使用和深度定制。这个新品类代表了一种崭新的客户价值和商业模式，也具有很高的竞争壁垒，确保了赛富时在自己开创的新市场里持续占据着领袖地位。

◎ 数字赋能原则

这样看来中小企业实现突破的最大机遇，就是当今风起云涌的数字化革命。通过"数字赋能"给自己插上腾飞的双翼，就应该是每个想成功的中小企业全力拥抱的战略方向。只有实现了深度数字化，中小企业才能进行研发数字化、传播数字化、供应链数字化、渠道数字化和市场营销数字化。具备这种深度数字化能力的中小企业，也就彻底完成了脱胎换骨。中小企业虽然规模小，仍能够对同行的大企业实施降维打击。数字化之路当然充满艰辛，且困难重重。但在这个时代，这是中小企业能够高效实施市场营销的最佳手段。

第十九讲

B端企业如何做市场营销？

B端企业的市场营销和C端企业的市场营销很不一样。主要是因为这两个市场的客户差异很大。B端的客户采购频率低，购买产品后也不会轻易更换，所以做决策的时间长，也比较谨慎，很难像C端客户一样，听到了某某网红的推荐或看到了抖音的短视频，就冲动购买。

更重要的是，B端客户购买的动机是提升企业效率和业绩，主要关注的是产品的可靠性和安全性。而C端客户的很多购买行为完全是为了满足情感和娱乐需求，只要让自己感受好就会买，而且买完了也说换就换。

◎ B端的市场营销难度更大

与C端企业相比，B端企业的市场营销其实更难。首先产品本身就比较复杂，给客户把核心价值讲得既清楚又具有说服力已经很不容易。而且，客户不只是听陈述，还要看产品展示，进行多方了解，往往还需要实地考察，甚至还要试用。要让所有相关决策人反复了解、评估产品，最后都挑不出毛病。这个过程可能很长，甚至会花上一到两年的时间。在这个漫长的营销过程中，任何一个环节出现问题都可能功亏一篑。

而且，与 C 端企业相比，B 端企业对市场营销的销售转化率要求更高，更注重效果。因此，B 端企业市场营销部有更加清晰的绩效指标，如潜在客户的生成（lead generation）和潜在客户质量（lead quality）等。同时，B 端企业市场营销部的压力也更大。

B 端企业如何进行有效的市场营销工作呢？

◎ B 端市场营销的三个基本要求

为了实施有效的市场营销，企业要具备三个前提条件。

第一，产品要过硬。

其实 B 端市场营销的一个最大障碍，就是产品本身不成熟。在 B 端市场上最有价值的资产就是"信任"。客户信任来自企业自身的真功夫。产品不过硬，市场营销人员说得再好也没用。在这种情况下，市场营销做得越成功，企业垮得就越快。正如恒美广告公司（DDB）创始人威廉·伯恩巴克（William Bernbach）所说："干掉一个坏产品最好的方法就是给它做一个高明的广告。"（The best way to kill a bad product is a great ad.）

更重要的是，信任一旦丧失了就很难再找回来。如果一个企业的产品还没有成熟，市场营销的力度不宜太大，不然卖得越多，伤害的客户就越多。因此，产品的稳定性、安全性和可靠性极其重要。

在 C 端市场，产品不过硬，但会讲故事，企业也能做得风生水起。但在 B 端市场，产品不行就什么也不行。正如美国著名创业孵化器 YC（Y Combinator）的联合创始人杰西卡·利文斯顿

（Jessica Livingston）所说："如果人们不喜欢你的产品，你所做的任何其他事情都无关紧要。"

因此，美国"软件即服务"（SaaS）行业的领袖企业赛富时（Salesforce）的企业口号就是"信任是我们的首要价值观"（trust is our No.1 value）。因为如果B端企业的产品出现了问题，会给客户以及企业自身带来巨大的损失。因此，赛富时遵循了非常稳健的产品战略。如果赛富时的软件工程师花了100个小时写代码，其中70个小时都是在测试产品有没有漏洞。

产品过硬自然就会形成"口碑"和"标杆客户"。在B端市场，口碑和标杆客户对获客和转化最重要。它们就是客户信任的来源。一旦有了信任，市场营销工作也就会水到渠成。

第二，建好专业化的市场营销团队。

B端企业的业务专业性高，要比C端企业复杂很多。市场营销团队不仅需要具备基本的市场营销能力，还要了解业务和技术，否则很难在和客户的互动中获得客户的信任。

华为就很清楚这点。华为一直实施轮岗政策的一个原因，就是通过轮岗，向华为的营销团队输出大量有研发和技术背景的员工。这些员工在和客户的接触中，凭借专业素养有效地树立了华为专业化的形象。这是华为能在海外市场打开局面的重要原因。

另外，B端企业营销人员需要面对的客户是一个决策群体，包括总裁、财务、运营和技术等不同背景的人员。他们各自的诉求不同。有效说服这样一个群体的难度就很大。就这就对营销团队的能力提出了更高的要求。

首先要非常清楚地了解客户的业务诉求和个人诉求。然后，因人而异地制定沟通和说服策略。例如不仅能够从不同的角度展示产品的独特价值，还能够触动客户的痛点。因此，B端市场营销人员需要具有更高的综合素质，不但要有高情商，还要有高智商。同时，B端市场营销人员还要具备灵活应变的能力。只有建立一个高素质的专业化团队，才能有效地完成这些营销工作。

第三，树立"以客户为中心"的企业文化。

B端市场的特点（例如客户数目较少、需求差异大和决策周期长等）决定了B端企业应以客户为中心。在现阶段，真正以客户为中心的B端企业仍然是少数。企业如果缺乏这种客户驱动的文化，就会显著降低市场营销的有效性。

和C端企业不同，B端市场营销的实施高度依赖跨部门的协作。

B端客户的整体决策链很长，所以营销周期也很长。而且，在不同的阶段，B端客户都有不同的需求，比如获取信息、体验产品、定义需求和规划付款等。满足不同的需求，就需要销售方企业不同职能部门的参与，而市场营销部承担的只是整个营销过程中的某些环节，根本无法完成所有面向客户的工作。也就是说，在B端市场，有效的市场营销必须是"全组织营销"。

可以看出，只有部门之间进行深度的协作，才能给客户交付高质量的无缝体验。但"部门墙"是客户体验的克星。降低"部门墙"的最好方法，就是树立真正以客户为中心的企业文化，这才是确保市场营销高效实施的关键。进入"客户驱动"的数字化时代以后，这一点就尤其重要。

◎ B端市场营销的三要点

具备了以上三个基本条件后，B端企业做市场营销需要在下

面三个方面着力。

第一，精准定位。

对于B端企业，精准定位有两个方面的含义：

一是产品或价值定位的精准，即产品的核心价值一定要清晰并独特。例如，华为电信产品的核心价值是"高质、平价、个性化，以及快速服务"。这个定位既清晰又独特，和华为的主要竞争对手有显著的不同。

二是市场定位的精准，即要找到"核心客户群"，形成"产品-市场的契合度"（PMF，product-market fit）。这样的客户最渴望产品的独特价值，转化率和留存率会很高，可以帮助企业实现稳定的增长。但是，找到他们其实并不容易。

当年，华为进入欧洲市场的时候，就定位在一些规模相对较小的运营商，并针对这些运营商的需求，开发了体积小、装载方便，而且运营成本很低的分布式基站。这些运营商急需这样的产品来降低成本，同时实现对市场领袖的弯道超车。当时荷兰规模最小的运营商Telfort，和在西班牙市场排名第二的沃达丰，很快就采购了这款产品，华为也由此打开了欧洲市场。

第二，数字营销。

B端市场营销的关键，是搞好两个"链路"。第一个链路是营销链路，就是围绕客户的认知、兴趣、搜索、行动和推荐，对客户进行闭环的"全链路营销"。当然，客户企业在不同阶段会有不同背景的参与者，全链路营销要针对客户团队的每位成员。

第二个链路是交付链路，就是供货企业按照客户的消费旅程，整合不同部门，在各个接触点匹配客户需求，向他们交付高质量的、完整的无缝体验。这就是B端企业必须要实施的"全组织交付"。

这两个链路的高效运作都需要数字化的工具和平台。对于 B 端企业而言，数字营销是市场营销能否成功的关键。和 C 端不同的是，B 端企业的数字营销要远远超出数字媒体广告、搜索引擎优化和邮件营销等传播层面的运作。

第三，内容营销。

内容营销已成为 B 端企业主流的获客方式。研究表明，在北美，88% 的企业都认为内容营销很重要，而且会分配 29% 的市场预算，甚至有 15% 的企业会把 50% 以上的市场预算都花费在内容营销上。

⊙ 内容营销的四要点

关于内容营销的文章很多，这里就强调几个要点。

第一，一定要以客户为中心，不要用内容去进行自吹自擂的企业宣传，而要通过对客户需求和痛点的深刻洞察，真心为客户提供有价值的内容，更好地帮助解决问题，如行业洞察、操作指南和客户案例等。

第二，内容一定要有深度。只是提供行业经验、实战策略等细碎的内容已经不行了。最好按照主题把内容整理成电子书，为客户系统性地进行全面赋能，启发客户的思路，提高客户的管理能力。

另外，内容也要有广度。除了信息类内容，还需要提供工具类内容，例如 ROI 计算器、需求建议书模板（RFP，request for proposal）和绩效评分器等。美国知名数字营销企业 HubSpot 就向潜在客户提供了若干免费的软件工具，例如网页营销效率评分器（website grader）和市场营销效率评分器（marketing grader）等，帮助客户解决了很多具体的问题。

同时，输出的内容也要有温度，能够触动客户的内心。这样，潜在客户就会下载而留下销售线索，也更容易被转化。通过有深度、广度和温度的高质量内容，企业可以有效地塑造自身的行业权威地位，从而带来更强的客户信任。

第三，内容要和客户生命周期精准匹配。

内容营销不只是提供内容，还需要和客户建立持续的互动机制，这样就可以更好地了解客户所处的生命周期阶段和相应的需求，从而把内容和客户所在的不同阶段进行精准匹配，实现个性化推送，这样才可以实现最终的转化。

例如，潜在客户在"认知阶段"主要需要产品和企业的背景信息，到了"考虑阶段"，就要提供行业解决方案的介绍。在"偏好阶段"，客户需要产品展示的资料，以及 ROI 计算器等。最后还要设置转化机制，引导客户进行购买。

第四，设立专门的内容团队。

打造高质量的内容相当不容易，企业需要构建一个专业团队来做这项工作。现在的工作内容不但专业性要高，而且要内容多元化，如文本、视频、音频、图画和软件工具等。甚至 B 端企业也要考虑直播。随着 5G、虚拟现实等技术的发展，今后承载内容的平台会更加丰富。在虚拟现实或者元宇宙中，让客户沉浸式体验产品并非一个遥远的梦想。因此，内容团队不但是一个创意团队，还是一个技术团队。

内容营销的最高境界就是打造出一个独立的媒体企业。在 C 端市场，这样的例子很多，例如乐高和红牛。尤其是红牛，除了生产功能饮料之外，还成功打造出一个独立盈利的媒体帝国：红牛媒体工作室（Red Bull Media House）。这个媒体集团有上千名员工，拥有围绕极限运动的海量原创内容，涵盖杂志、极限运动赛事、电视剧、纪录片、赛事转播、音乐制作等。通过和媒体公司完全一样的商业模式，红牛媒体工作室为红牛带来了丰厚的收入。

在 B 端市场，全球最大的电子元件和企业计算解决方案服务商艾睿电子是一个典范。该企业从 2014 年开始，通过收购网站和媒体，打造出电气工程师最值得信赖的资源库 AspenCore，提供大量高质量的内容，如电子书、播客和网络研讨会等。目前，艾睿电子已经成为电子领域最大的媒体公司，覆盖全球上亿的读者，并能够独立盈利。

这种基于内容营销的媒体公司不仅能够带动产品销量，还能盈利。更重要的是，媒体公司在和客户的频繁互动中，能够深刻洞察客户需求和行业趋势，从而促进企业的产品创新。不但如此，媒体公司还扮演了"意见领袖"的角色，深刻地影响着整个行业的发展。

最后还需要说的是，尽管 B 端和 C 端市场有很多差异，但最后的决策者和使用者都是有血有肉的人。在市场营销方面，B端企业需要向 C 端企业学习如何打造品牌，构建客户社群，设计和交付客户体验等。其实，B 端和 C 端企业的区别和界限正逐渐减小。今后的大趋势一定是 B 端和 C 端的完全融合。

第二十讲

"出海"企业如何做市场营销？

最近几年来有大批国内企业"出海"。毫无疑问，中国企业的"大航海时代"已经开启。要想在海外获得成功，市场营销自然非常重要。但是"出海"的企业要怎样做市场营销才能获得突破呢？

◎ "出海"企业面临的四大壁垒

在回答这个问题之前，先要了解一下中国企业"出海"普遍面临的四个主要障碍。

第一，文化壁垒。

中国企业走向全球市场，首先要面对的是文化挑战。浅层的文化挑战是语言不通。在"出海"早期，对很多企业而言，用外文写好产品说明书都不是一件很容易的事。就连安克，这个国际化表现很不错的企业，也因为产品说明书上用了蹩脚的中式英文而被客户投诉过。

对于互联网产品而言，语言方面的挑战就更多了。比如，把应用软件里面的中文精准地翻译成不同国家的语言，是一件非常困难的事。因为不同的语言对同一件事的表达方式很可能不一样，也就没办法简单直译。

当然，深层的文化挑战远远超越了语言的层面。海外市场的用户偏好、行为特征、消费习惯、社会惯例和宗教习俗等，都和我们有很大的不同。这些差异都可能成为国内企业走出去的障碍。

比如，我们的国民级产品微信，就在海外一直打不开局面。其中一个原因就是，海外用户更习惯于陌生人社交，而对微信这种熟人社交兴趣不大。另外，欧美用户对个人隐私比较重视，倾向于用各种专职的 App，而不是微信这种能够记录用户所有消费行为的超级应用程序。这些不同就反映了中西方用户之间更深层的文化差异。

第二，信任壁垒。

我们国家已经成为世界第二大经济体，但因为历史的原因，很多海外的用户还是把中国产品和"便宜低端"画上等号。另外，西方某些媒体对我们国家一直以来的不公正报道，也造成中国一些产品在欧美发达市场上存在负面形象。这使得一些海外消费者对来自中国的企业和产品缺乏足够的信任。这种信任壁垒，对我们国家"出海"的 B 端企业，影响尤其显著。华为在早期开拓国际市场的时候，就花费了很多精力和时间才突破了这个壁垒。

第三，人才壁垒。

在现阶段，中国企业普遍缺乏拥有国际化管理和运营经验的人才，而且对海外市场的了解比较有限。要想在海外市场获得成功，开拓海外市场的团队必须具有国际化视野和应对复杂情况的能力。

经过像华为、中兴等"出海"企业的多年培养，以及更多在欧美生活和学习过的年轻一代，逐步加入中国企业的"出海"大军，人才问题才得到了一定程度的缓解。比如，在全球累计有上亿用户的社交娱乐平台米可世界（Mico），其高管团队就是由华为和中兴的前海外团队成员组成的，米可世界的"出海"就非常成功。但是，到目前为止，总体来看，人才仍然是一个让"出海"企业很头疼的问题。

当然，"出海"企业可以引入海外本地员工。但是，大部分中国企业很难吸引到最优秀的外籍员工加盟，而且他们也未必真正认同中国企业的文化和管理方式。因此，企业"出海"不能完全依赖外援，还是要从头开始，一步一步培养自己的人才团队。

第四，政策壁垒。

对于"出海"企业而言，各国的政策法规是硬壁垒。如果准备不充分，"出海"企业很可能遭受重大损失。随着地区战争的升级和国家关系的日益紧张，全球市场的政策风险不断提升。中国企业在"出海"的时候，不但要合法合规，而且要建立自己的预警系统，准备随时应对海外可能出现的问题。

⊙ 出海营销的四个原则

有效突破这些海外壁垒也只是成功的前提，企业要想在海外做好市场营销，还需要做到以下四点。

第一，选对市场。

选对"出海"的市场最重要。只有市场选对了，才能事半功倍地打开局面。例如，当其他国内的手机品牌小米、OPPO和vivo等都在开拓东南亚市场的时候，传音科技就选定了非洲，一举奠定了它作为非洲第一手机品牌的地位。

一般而言，中国企业"出海"都是先易后难，采取"农村包围城市"的战略，从距离较近的发展中国家入手，例如东南亚，然后慢慢扩张到中东、中亚，以及非洲和南美洲等的较远的发展中国家，最后开拓欧美发达市场。这就是华为和中兴的"出海"路径。当然也有例外，大疆和希音就是先从欧美市场入手，也成功实现了突破。

第二，选对产品。

选对了市场，还要选对和市场匹配度高的产品，这样才能迅速获得成功。选对产品并不容易，需要对当地客户的需求和痛点有深入的了解，而不能只是把在国内卖得好的产品照搬过去。

腾讯就试图把微信推向海外，但在这一赛道上海外巨头太多了，所以微信始终无法突破。小米也发现，在国内卖得很好的电饭煲和9号平衡车在印度就无人问津，倒是修理胡须的修须器是当地市场的刚需。

如果企业对海外客户的需求不够了解，可以先入驻跨境电商平台，比如亚马逊，看看哪个品类卖得好，再决定主打哪款产品。事实上，很多"出海"的产品都需要做"当地化"的调整，不然就会"水土不服"。比如，微信在海外的表情包就没有充分地本地化，造成了海外客户的不满。可以说，本地化是在海外做市场营销的一项核心工作。

第三，选对渠道。

要想取得市场突破，除了产品，渠道最重要。"出海"企业要决定是走线下，还是走线上，还是两者都要。例如，OPPO和vivo非常擅长运营线下渠道。这两个品牌进入印度市场的时候，

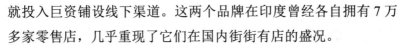

就投入巨资铺设线下渠道。这两个品牌在印度曾经各自拥有 7 万多家零售店，几乎重现了它们在国内街街有店的盛况。

小米刚进入印度的时候，则选择了自己更为擅长的线上渠道，后来效果不理想，就只好也选择走线下渠道。泡泡玛特在海外的渠道就更加完整了。例如，在日本市场，泡泡玛特不仅选择了跨境电商、独立站，还有线下零售店、快闪店和机器人商店等。

第四，选对团队。

毫无疑问，团队是企业"出海"成败的关键因素。"出海"企业可以外派员工（早期的华为和中兴就是这样），也可以在海外打造本地团队（例如字节跳动和早期的好孩子集团）。当然，市场营销一定要形成本地化的运营能力，吸收优秀的当地人才加盟是一个必然的选择。同时，海外团队还要和总部高效地协同，这样才能取长补短，在当地市场形成竞争优势。因此，构建一支混合团队是一个合理的选择。

吸引高质量的本地人才，同时对本地人才进行有效的管理，一直是"出海"企业面临的难题。例如，在发达国家，中国企业往往不是顶尖人才的首选，而在发展中地区如中亚、中东和东南亚市场，当地员工比较抗拒中国企业习以为常的加班和高强度的工作状态。华为也是花了很多年、交了很多学费才逐渐在海外搭建起一支具有较高执行力的混合团队。

○ B 端企业的海外营销关键

除了上述四个要点，对于更为具体的海外市场营销战略，C 端和 B 端的企业会有很大的不同。对于 B 端"出海"企业，市场营销的关键是打破信任壁垒。一般而言，有两种方法：形象营销和产品创新。

形象营销，就是努力在客户心中打造出一个值得信赖的形象。安排客户参访是一个很有效的方法。早期的华为在海外开拓市场的时候，为了赢得客户的信任，就精心安排客户参访香港和北京、上海、广东的企业，再在深圳总部建起了非常气派的总部大楼，很快就打消了客户的顾虑。品牌联合也是形象营销的一个手段。华为和德国徕卡的合作，就让华为手机的形象大为提升。

其实，对于 B 端企业而言，产品就是最好的营销工具。所以，产品的突破性创新是打开海外市场的最佳手段。华为推出了分布式基站和第四代基站（Single RAN），有了颠覆性创新之后，实现了对欧洲市场的巨大突破。

◉ C 端企业的海外营销关键

对于 C 端企业而言，最重要的市场营销工作大致是以下三种。

第一，打造极致产品。

国内"出海"企业成功的关键是"极致产品"，这也是它们进行市场营销的最有效手段。这种极致性目前体现在性价比、产品多样性和迭代速度"。例如，巨星科技生产的五金工具，价廉物美，种类丰富，造型和设计多到令人眼花缭乱。快时尚品牌希音也是如此。所以，这些企业很快就突破了海外市场。

传音科技的"极致性"体现在产品极其精准地解决了客户的痛点。例如，在非洲市场，传音科技的手机续航能力很强，足以应付当地供电短缺的问题。而且手机外放喇叭的音量超大，喜欢歌舞的非洲客户可以把它当成伴奏机用。更与众不同的是，传音科技的手机还具有独特的"美黑功能"，能让当地客户在暗黑的背景里拍出漂亮的自拍，深受他们的喜爱。因此，传音科技迅速形成了口碑，在非洲迅速打开了局面。

第二，进行社媒营销。

社媒营销，一般包括社媒广告、内容营销、"网红"营销和粉丝营销四个方面。新一代"出海"企业很多都是运营社媒营销的高手。例如，花西子和希音等企业都是先在海外社交媒体上投放广告，然后和当地 KOL（关键意见领袖，key opinion leader）合作宣传，形成了粉丝群，再利用他们自发创作的内容，不断扩大影响力。

希音还充分利用自己的应用软件进行营销。在希音的应用软件里设有内容社区，供时尚达人和当地用户发布内容，还有买家秀赚积分和穿衣搭配游戏等功能，几乎就是一个带有购物功能的社交媒体，在海外获得了极高的下载量。小米、大疆、叶氏焊机（YesWelder）、巨星科技和安克等大批"出海"品牌也都是通过社媒营销获得了海外市场的突破。

第三，关注品牌建设。

海外营销最终的成功还是要依赖品牌建设。在海外市场，品牌建设不能只是聚焦产品层面的独特价值主张，还要具有更深层的内涵，也就是要基于信仰、理念和价值观。这样才可以和海外广大客户产生强烈的共鸣，让他们对品牌形成一种牢固的情感关联。

苹果、耐克、哈雷摩托和露露乐檬等企业都是这方面的典范。例如，苹果的品牌信仰就是"非同凡想"（think different），而耐克就是"行无挂碍"（Just do it！）。这些品牌理念激发了全球用户的深层情感，直接促成了这些企业在海外市场的成功。

◎ "出海"的本地化战略

在海外做市场营销，还有一个关键，就是要进行"本地化"。本地化有几个层面，如产品本地化、营销本地化、团队本地化和运营本地化。

产品本地化的重要性不用多说。腾讯在海外的不顺利，除了社交关系迁移成本高，产品本地化不够也是重要原因。例如，在北美市场，微信不支持客户把照片分享到推特上，表情包没有本地元素等。在这一方面，TikTok 就做得非常好。

市场营销的本地化，就是要形成本地化的营销能力，这点非常重要。因为本地化的营销能力能够确保各项营销活动，像是社媒营销、内容运营、媒体投放、品牌管理、社群管理和公关等，更好地匹配本地用户的需求和偏好。当然，本地化营销需要本地化的团队和本地化的运营。

快手早期的国际化团队长期驻扎在北京，对海外市场缺乏了解。这是快手"出海"表现不尽如人意的关键原因。隶属于欢聚集团的视频社交媒体平台 Bigo，就非常注重本地化。其海外团队不但有很大比例的本地员工，而且建立了专门研究海外市场的专业团队。这些本地化举措都是 Bigo 在海外表现出色的主要原因。

"出海"企业在海外做市场营销的最高境界就是"营销全球化"，即实现全球市场的整合管理。具体而言，就是全球市场资源、市场人才、市场运营和品牌管理的一体化。这样才能够确保企业在实现本地化营销的同时，兼顾全球市场的共同需求，从而可以打造出一个在全球各个市场都具有统一内涵的全球品牌。例如苹果、耐克、星巴克和微软等。这样的企业就是IBM提出的"全球整合型企业"（globally integrated enterprise）。

目前来看，绝大多数"出海"的中国企业其实只是在进行海外销售，以及有限的海外运营，还远远没有发展到这个阶段。华为、大疆和好孩子集团等"出海"企业正向这个阶段迈进。例如，好孩子的爆款折叠式超轻便童车Pocket就是通过日本团队设计，美国团队将其产品化，中国团队生产，德国团队包装，然后在全球销售。要真正成为这样的全球型企业，企业需要真正的高端技术和深刻的品牌内涵。

随着中国企业整体实力的不断提升，会逐渐出现向"出海"企业在全球范围内提供支撑服务的平台型企业。到了那个时候，中国"出海"企业就会真正具备全球运营能力，营销的全球化也可以顺利实施。这一代企业家和市场营销人才，应该具有这种高远的国际视野和格局，为中国企业在全球市场上的全面崛起做出应有的贡献。

营销前瞻

如何理解新媒体时代的新营销战略？

◎ 新媒体时代已经到来

进入数字化时代后，新媒体对企业的发展越来越重要，并逐渐成为媒体的主流，帮助企业获取客户、扩大知名度和影响力，甚至直接决定企业的市场表现。因此，大批企业建立了运营新媒体的部门，新锐品牌如三只松鼠、完美日记、花西子、元气森林、江小白、三顿半等都是依托新媒体而实现了迅速崛起。自2016年以来，直播作为新媒体的一种重要创新，更是开创了营销的新模式，竟然造成了广大消费者"与其看脱口秀，不如蹲直播间"的现象。早在2018年，淘宝上就有81个直播间成交额过亿元，相当于每个直播间都是一家成功的企业。一些头部主播所带来的成交额可达百亿元，完全可以抵得上一个大型企业的表现。

新媒体不但能够帮助企业更好地实现业务的增长，还引发了一场"泛媒体化"革命。所谓"泛媒体化"，就是产品媒体化、个人媒体化、品牌媒体化和企业媒体化。

产品媒体化反映出一个大趋势，即在数字化时代客户对内容和社交需求更为强劲。产品要成为故事，构建自己的IP，才能在网络上引起广泛传播。曾经风靡一时的星巴克猫爪杯就是一个典型的例子。

个人媒体化也是新媒体发展带来的直接结果。在新媒体平台上，人人都可以成为内容的生产者和传播者。个人IP化成为一种趋势。理论上，人人皆可成为主播、"网红"。直播更是一个强大的造星平台。新媒体打造了一大批达人、意见领袖、"网红"和直播明星。他们本身就是媒体。

品牌媒体化不是指品牌要有故事，而是要不断生产多元化的优质内容，涵盖信息、娱乐、社交、学习和成长等各个方面，满足客户的多重心理需求。因此，品牌 IP 化也日益成为主流。例如，三只松鼠、完美日记、元气森林、江小白和花西子等品牌都努力成为 IP 化的品牌。但品牌真正的媒体化需要企业媒体化。

企业媒体化是指企业必须具有如媒体公司一般持续生产和输出内容的能力。最经典的案例就是能量饮料红牛。红牛不但是一个生产饮料的企业，还是一个真正的媒体公司。红牛的媒体公司每年生产出大量原创、优质的内容，然后授权给主流媒体平台如探索频道（Discovery Channel）和奈飞等传播。目前，红牛媒体公司旗下包括三个电视频道、四个印刷媒体和自己的唱片品牌。

科技企业在媒体化方面就更加积极。腾讯、苹果、亚马逊和阿里巴巴等都大力开拓娱乐媒体业务。就连美国家居健身器材企业派乐腾也是靠输出和健身相关的优质内容实现了业务的高速增长，从而不再把自己定义为健身器材的制造商，而是一家媒体公司。

可以看出，在数字化时代，企业媒体化是一个大趋势。企业意识到和客户保持时刻关联并深刻影响客户的最佳方法就是向他们不断输出内容。优质内容才是客户全场景都存在的高频刚需。只有具有持续创造优质内容的能力，企业才能不断地向客户提供具有高度黏性的价值流。

泛媒体化的趋势让新媒体正成为商业本身。在不远的将来，客户打开购物应用软件后，搜索的不再是产品，而是主播。对于客户而言，购物体验将和媒体体验、娱乐体验融为一体。在这种情况下，电商和媒体也会彻底融合。目前静态的产品购物平台将变成如同有线电视一样具有众多直播频道的动态娱乐性平台。那时，新媒体平台（如抖音和快手）很可能通过社交电商来挑战目前的主流电商（如淘宝和京东）。

◎ 但对于新媒体仍有很多误解

虽然企业对新媒体的应用越来越广泛，但是大家对新媒体的理解各有不同。很多人以为新媒体就是微信生态中的公众号、小程序、视频号和微信群，以及抖音和快手等短视频平台。还有些人对新媒体有更宽泛的定义，认为新媒体不但包括上述传播平台，还涵盖网络社交平台（如微博、豆瓣）、信息平台（如今日头条、腾讯新闻）、音频平台（如喜马拉雅）和视频平台（如优酷、爱奇艺和哔哩哔哩等）。

其实，新媒体的范围更广：除了上述各个传播平台之外，还包括各种应用软件、网上社群、电游平台和虚拟世界平台等，自然也包括数字化升级的传统媒体，如数字电视、数字报刊和数字化广告牌等。也就是说，只要是数字化技术驱动的传播平台都可以视为新媒体。

随着数字化技术和柔性电子技术的发展，新媒体的内涵会更加丰富。当万物互联成为现实的时候，各种移动终端，如数字化纸张、数字报纸和可穿戴设备等，以及人们日常生活中的几乎所有产品和界面，包括产品数字化包装和数字化建筑的墙壁、天花板和地板，甚至每个人的皮肤都将成为新媒体平台。新媒体将进入"万物皆媒体""人人皆媒体"和"世界皆媒体"的阶段。

对于企业而言，只有打造出一个大数据驱动的线上线下整合的新媒体环境，才能让新媒体给企业带来最大的效用。因此，企业对于新媒体的战略规划和具体运营要从线上平台逐渐向线下平台延伸，力求尽快构建一个完整的新媒体生态。这样定义新媒体也只是从表象上理解新媒体，并没有把握新媒体的本质。到底什么是新媒体呢？

◎ 新媒体的六大特点

简单而言，新媒体是线上线下基于数字化技术的所有传播平台。和旧媒体相比，新媒体有六个主要特点（见图1）。

第一，互动性。

旧媒体是单向输出，客户无法参与输出，因此是静态的。新媒体是双向互动式输出，信息传播成为动态过程。所谓"人人都是生产者，人人都是传播者"。这样的传播方式给客户提供了前所未有的参与感，直接带来媒体的"黏性"。

第二，精准性。

旧媒体的传播方式是"一对多"。因此旧媒体遵循工业化时代的商业逻辑，即生产出标准化的内容去服务信息需求差异化的大众市场。新媒体可以通过数字化技术为单个客户提供"一对一"的精准内容，极大地提升了传播效果。

第三，社交性。

旧媒体是一个由企业控制的封闭系统，没有让客户参与和分享的意愿和技术手段。新媒体基于数字化和互联网技术，充分利用口碑传播的力量，打造"多对多"的传播方式，因此具有很强的社交性。这种社交性给客户提供一种身份定义和归属感，从而让新媒体更深地嵌入客户的生活中。

第四，实时性。

旧媒体的内容和硬件产品本质上没有什么不同，内容生产有固定周期，而且一旦生产出来就无法改动，而新媒体产生的是随时可以改动和更新的数字化内容，可以按照具体事件和场景的变化提供持续的信息流。因此，新媒体是真正意义上的"流媒体"。

第五，沉浸性。

旧媒体采用单向传播方式，信息的表现形式和输送平台也比较单一，功能性较强，客户黏度弱；新媒体则具有丰富的信息内容，不但集文字、图片和音像于一体，而且拥有强大的社交和娱乐功能，让客户很容易"上瘾"。同时，随着增强现实、虚拟现实和柔性电子等技术的发展，新媒体会通过"万物皆屏"打造出多维度立体的媒体体验，让客户沉浸其中，流连忘返。

第六，多重性。

旧媒体的主要职能就是信息传播，而新媒体具备超越媒体的多重属性。新媒体不但是信息平台，还可以提供服务、商务、社交、娱乐甚至陪伴功能。客户也不再只把新媒体视为信息渠道，而是获取多重功能的综合平台。

图 1　新媒体的六大特点

因此，新媒体是天生带有社交基因的"活"媒体。其实，就是这样说也不完全准确。因为新媒体本质上根本就不是媒体——它虽然从媒体起步，但很快就演化成一个新物种。要更好地理解新媒体这个新物种，需要先谈谈近年来开始流行的"新营销"。

◎ 新营销越来越重要

近年来，一大批新锐品牌如三只松鼠、完美日记、三顿半、元气森林和花西子等迅速崛起。这些品牌不依赖广告宣传，也不采用传统渠道，而是充分利用互联网平台，联合 KOL 和 KOC（关键意见消费者，key opinion consumer），聚焦客户需求，通过生成大量优质内容和客户频繁沟通，并为客户提供优质的线上线下总体验。在互动中，这些品牌和客户建立紧密的关联而促成产品销售。

很多客户不但购买产品，而且成了粉丝，形成了活跃的客户社群，并自发进行传播，给这些品牌带来了高速增长。在分销上，这些品牌依托高效的物流体系，在客户下单后迅速将产品送达。与此同时，在海外市场上也涌现出一批采用这种市场营销手段的企业，如美国男性个人护理品牌美元剃须俱乐部（Dollar Shave Club）、眼镜品牌瓦尔比派克（Warby Parker）、床垫品牌卡斯珀（Casper Sleep）、服装品牌 Bonobos 和休闲鞋品牌欧布斯（Allbirds）等。这些品牌都依托互联网构建了自身高效迅捷的商业和营销模式。

如果把工业化时代的营销称为"旧营销"。旧营销的主要特点是以企业为中心，以生产为基础，并以产品为驱动，而在触达客户上，旧营销可以概括为"广告为王"和"渠道为王"。而上述企业代表的是数字化时代的营销，是一种和"旧营销"完全不同的"新营销"。新营销的基本逻辑是以客户为中心，以技术为基础，并以体验为驱动。可以看出，以"关系为王"，直达客户的新营销已经逐渐成为主流。

◎ 什么是新营销？

关于"新营销"有很多定义。不少人认为新营销就是关乎场景、IP、社群、爆品、内容和"裂变"等。这其实仍是旧营销的范畴。那什么是新营销？

具体来讲，这个"新"至少有两个层面的意思。"新"首先代表一种新技术，也就是说"新营销"是数字化、互联网和人工智能等高技术驱动的营销。简单而言，新营销就是深度数字化营销。从技术角度来看，"新营销"最终会迈向"智能营销"。

再者，"新"代表一种新商业逻辑和由此引出的新商业模式，而不是一种新手段或新打法。这个新商业逻辑就是"一体化"，而工业化时代的商业逻辑是"割裂化"。因此，"一体化"是"新营销"的核心逻辑。具体来讲，这个"一体化"至少包含六个方面（见图2）。

第一，媒介渠道一体化。

这是"新营销"的初级阶段，也就是"信息触达"和"产品触达"的一体化。在"旧营销"时代，信息和产品是割裂的。信息通过媒体触达客户，而客户进入渠道才会形成产品触达。由于以上两个步骤在时间和空间上的间隔，信息触达往往无法带来产品触达。这就是为什么在工业化时代企业投入大量的媒体资源通常也无法形成营销效果。

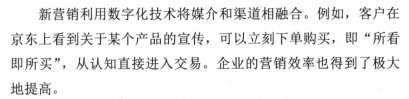

　　新营销利用数字化技术将媒介和渠道相融合。例如，客户在京东上看到关于某个产品的宣传，可以立刻下单购买，即"所看即所买"，从认知直接进入交易。企业的营销效率也得到了极大地提高。

　　第二，线上线下一体化。

　　企业通过高度整合线上和线下运营，在客户端形成无缝对接的优质体验，实现无边界的全渠道运营。客户可以在任何时间和场景，通过任何线上或线下渠道，如实体店、线上店、社交媒体平台、可穿戴设备、虚拟现实硬件或者智能家居等平台进行产品体验、购物、社交、互动和服务获取。企业通过各渠道间的资源共享，使全渠道各成员进入相互促进的良性循环。这其实就是"新零售"的核心理念。

　　第三，客户需求一体化。

　　旧营销聚焦向客户提供解决具体问题的产品和方案，新营销则力求满足客户身、心、灵三个层面的多重需求。因此，新营销不仅专注于提供优质的产品和服务，还向客户提供娱乐、社交和学习等多元化功能，向客户提供满足他们"总体需求"的一揽子方案。在新营销时代，企业不但是产品的生产者，也是社交关联、休闲娱乐和生活意义的提供者。

　　第四，客户链路一体化。

　　一般而言，客户消费生命周期有五个阶段，即知晓、兴趣、购买、忠诚和推荐。在旧营销时代，企业没有技术手段和组织能力来有效管理这五个阶段，只能通过投放广告聚焦"知晓阶段"，无法直接引导客户的购买和推荐行为，导致营销效果低下。新营销通过数字化手段可以对客户的整体生命周期进行全面管理，即所谓的"全链路营销"。通过对客户生命周期的一体化管理，企业可以实现"塑造认知""完成交易"和"建立关系"三项关键营销工作的融合，把客户的全链路压缩为一点，极大地提高了营销效率。

第五，价值链路一体化。

大致而言，一个企业的市场营销由以下五个关键步骤组成，即定义价值、创造价值、传播价值、交付价值和升级价值。这就是市场营销的价值链路。在旧营销时代，这些步骤的发生有先后次序，而且由企业的不同部门负责，直接导致部门之间的配合失调，同时走完整个价值链的时间也比较长。

在新营销时代，通过线上线下一体化，企业可以随时获取全方位的客户数据，从而即时而精准地洞察客户需求，同时将这些洞察实时反馈给产品研发和生产制造部门，用最快的速度实现价值创造。然后企业利用全渠道快速完成对客户的信息触达和产品触达，完成价值传播和交付。企业也可以在同一时间和客户展开互动，建立良性关系，实现客户价值的升级，并引发客户的推荐和宣传。

第六，职能部门一体化。

在旧营销时代，企业内部的各职能部门被"部门墙"割裂。而新营销要求客户链路和价值链路的一体化。为实现这个目标，企业必将实现内部职能部门的一体化，并由市场营销部牵引各部门的决策和行为。企业内部一体化的第一步就是建立一个可追溯的供应链系统，也就是说，一个商品从生产到销售的各个环节都由线上信息系统覆盖而实现透明化，然后在深度数字化转型的过程中，实现各个部门的在线化和线上联通。

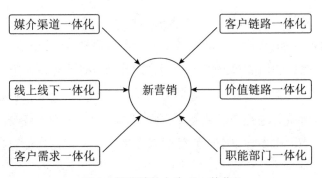

图 2　新营销的六个"一体化"

当然，企业内部一体化只代表"新营销"的初级阶段。真正一体化的企业还需要实现 BC 端一体化，也就是打通厂家、经销商、零售商和客户的数据链条，实现整体商业生态系统的一体化，最终形成主体企业、共生企业和最终客户构成的高度整合、互为依赖、共生共荣的利益共同体。这样，在柔性供应链的支撑下，企业生态系统就可以构建一个真正由客户驱动（C2B）的商业模式，进入具有"社群商务"特征的"新营销"的更高阶段，即客户企业一体化。这样看来，新营销就是客户驱动的"一体化"营销。

◎　新媒体就是新营销的实施平台

再回到新媒体。前面说过新媒体根本就不是媒体。那它到底是什么？我们来看看新媒体正在做什么。毫无疑问，新媒体的确在承担媒体的功能，这也是大家所熟悉的新媒体面貌。但与此同时，新媒体还提供服务，如微信公众号和小程序提供的客服信息，以及更为复杂的全自动化服务操作。另外，企业还可以在微信公众号中建立客服体系，进行社会化客户关系管理系统

（social CRM）的运作。多年来远离社交媒体的苹果在2016年首次开通推特账号时，也是将其作为一个客服平台。

当然，和旧媒体最大的不同是，新媒体还有电商功能。对企业而言，这是新媒体最具生命力的特征。例如，企业可以在微信内搭建商城，进行产品销售。视频媒体平台也具有电商功能，尤其是直播，作为近年来新媒体最重要的创新，电商功能更是极其强大。

所以，新媒体至少具有三大属性，即媒体属性、服务属性和电商属性。当然，新媒体也可以扮演企业官网的角色，具有一定的品牌属性。因此，新媒体本质上根本就不是媒体，它的作用远远不只是传播，更具有丰富的多重功能。

这些多重功能让新媒体完全可以实施"媒介渠道一体化"和"客户链路一体化"的运作。随着相关技术的发展，在不远的将来，新媒体将具有承载"客户需求一体化"和"价值链路一体化"的能力，并通过客户的力量牵引企业实施"职能部门一体化"。

例如，抖音直播集网络公关、品牌推广、客户洞察、商品促销、产品销售、客户服务和关系管理等功能于一身，充分体现了新媒体一体化运营的能力。可以设想的是，随着直播的发展，新媒体还将成为企业的品牌载体、市场研究平台和研发窗口。到那个时候，每个直播间都是一家"麻雀虽小，五脏俱全"的小微企业。

直播也会带来一种客户—主播—产品模式，也就是客户驱动的C2B模式。在这种模式下，企业通过一定数量的直播间感知和预知市场需求，进行快速研发和生产，并交付精准的个性化价值，同时通过向客户提供社交、娱乐和文化等多元内容，和客户建立

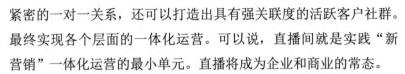

紧密的一对一关系，还可以打造出具有强关联度的活跃客户社群。最终实现各个层面的一体化运营。可以说，直播间就是实践"新营销"一体化运营的最小单元。直播将成为企业和商业的常态。

　　这样看来，新媒体根本不是媒体，新媒体就是新营销。具体来讲，新媒体是一个即时感知市场需求，快速实现多元化价值交付，同时构建紧密客户关系的一体化平台。简言之，新媒体就是市场信息输入和客户价值输出的动态即时界面。

◎　新媒体的四个演进阶段

　　当然，新媒体真正成为新营销的主体是一个不断演化的过程。这个过程大致可以分为四个发展阶段（见图3）。

　　第一个阶段是"媒体为媒体"阶段。在这个阶段，新媒体主要承载媒体功能，聚焦信息和内容的生产和传播。早期的数字化媒体包括社交媒体都处于这个阶段。

　　第二个阶段是"媒体为商务"阶段。这个时候，新媒体具有服务功能和电商功能，具有面向客户端的一体化能力，如媒介渠道一体化和客户链路一体化。这也是目前所有新媒体所处的阶段。

　　第三个阶段是"媒体为企业"阶段。这个阶段的新媒体将演化为一个功能齐备的小微企业，承载一个企业价值的定义、创造、交付和维护等所有核心功能。另外，新媒体将在客户端和企业端同时实现一体化运营，如价值链路一体化和职能部门一体化等。这将是目前各个新媒体平台演进的下一个阶段。在这个阶段，新媒体将完全和新营销重合，并成为牵动企业所有功能的"神经中枢"。

第四个阶段是"媒体为世界"阶段。这代表新媒体和新营销的最高阶段。这个阶段的基础是万物互联、大数据、人工智能和虚拟现实等高端技术。在这些高科技的承载下，整个物理世界将完成深度数字化和智能化，真正实现"万物皆屏"。客户和周边环境随时互动，并获取持续的信息流和价值流。与此同时，虚拟世界的元宇宙也将和现实世界相融合，共同形成一个时刻感知客户并服务客户的全方位智能媒体世界。

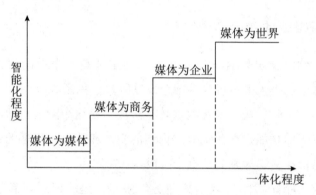

图 3　新媒体的四个演进阶段

毫无疑问，人类社会已经进入充满颠覆、机遇和想象力的"新媒体时代"。为了更好地实践新营销，企业需要从更高的层次理解新媒体。

第一，新媒体是一个企业战略，而不是操作层面的战术。

可以看出，物理世界和企业数字化的过程本质上是媒体化的过程。数字化提供了直达客户的通道，而优质内容则是客户永不疲倦的需求。新媒体促使企业进行深度数字化，同时更加关注内容的生产和传播。企业的内涵也因此发生了根本的变化，从工业化时代的产品生产者到新媒体时代的产品和内容制造商。在新媒体时代，任何一个企业都要成为软硬兼备的复合性组织，同时具有生产高质量产品和内容的能力。这种企业转型是一个组织最核心的战略问题，必须由一把手来设计和推动。因此，新媒体战略不是媒体和传播战略，而是企业转型战略。

新媒体时代的企业不但要生产高质量的产品和服务，还要聚焦优质内容的生产和传播。因此，企业要进行深度转型，成为像红牛那样软硬兼备的复合性组织，同时具有生产高质量产品和内容的能力。这种企业转型是一个组织所面临的核心战略问题，必须由一把手来设计和推动。所以，新媒体不是操作层面的战术，而是企业转型战略。

第二，新媒体不是一个工具，而是一种商业模式。

如果只把新媒体作为一种工具，只是发挥了它最低的传播功能。其实，新媒体是催生商业模式创新的加速器。新媒体不是一种新的媒体平台和内容方式，而是代表一种新的商业逻辑，即"客户驱动"和"一体化运营"。因此，企业需要围绕新媒体和新营销的逻辑重构自身的组织文化、商业模式、组织能力和架构，并在这个基础上构建深度整合、共生协作的商业生态系统。

第三，新媒体需要构建三维立体的新媒体生态，而不只是二维的"新媒体矩阵"。

新媒体要构建功能完备的商业生态系统，从而实现新营销的一体化运营。这才是使用新媒体进行市场营销的最佳状态。因此，所谓的新媒体生态其实就是新营销生态，包括所有向客户提供总体价值的参与企业。企业不能局限于构建基于互联网平台的"新媒体矩阵"，而要打造出一个大数据驱动，线上线下整合完整的立体新媒体生态系统。

第四，新媒体需要具有多元能力的复合型人才。

目前的新媒体运营人才所具备的能力主要和传媒有关，如内容生产和运营、编辑排版和营销策划等。随着新媒体成为新营销的主要平台，新媒体人才必须具备战略思考能力、商业模式创新能力、数字化能力和生态系统管理能力等。其实，新媒体人才就是新营销人才，今后他们会越来越成为企业运营的核心人才，牵引企业在"客户驱动"时代获得成功。

◎ 元宇宙是新媒体的最终形态

在人工智能技术的推动下，新媒体一定会演进成智能化媒体，而新营销自然也进入智能营销阶段。到了那个时候，新媒体这个概念将不再存在，人类社会也将进入"万物皆媒体"和"世界皆媒体"的境界。可见，世界终将媒体化，而元宇宙就是媒体化世界的终极表现形式。在元宇宙的世界里，参与者沉浸在完全数智化的世界中，时刻从五感接受各种形态的信息流而不断塑造或重塑认知、记忆、感受和观念。可以说，作为一个极其真实的媒体世界，元宇宙对参与者的喜好和行为具有绝对的影响力和控制力。

在元宇宙的早期，它和现实世界是独立存在的，元宇宙的重点是复制现实世界的规则、理念和信仰。随着元宇宙的演化，它将和现实世界深度融合。不但如此，元宇宙会创造出一种新的思想系统、信仰体系和文明形态，并反客为主重塑现实世界，重新定义商业、国家、道德伦理和信仰的一切原则。因此，在元宇宙时代，媒体的作用不是传播信息、承载娱乐，而是创造意义、构建思想和精神的世界，为民众构建一个完整的精神家园。这才是

新媒体的最高战略。

　　毫无疑问，在一个逐渐媒体化、虚拟化的世界里，意义只会变得更加重要。新媒体战略的重点也会从休闲、娱乐、社交和商务演化为思想和意义的创造和传播。这样看来，在后数字化时代，泛媒体化带来的这个前所未有的挑战和机会，会让新媒体的作用愈发重要，甚至直接决定企业和国家的成败。因此，不仅是企业和企业家们，国家也必须为此做好充分的准备。

参考书目

[1] Anderson, James C., James A. Narus, and Das Narayandas. Business Market Management[M]. the 3rd Edition. New Jersey: Pearson, 2009.

[2] Barden, Phil. Decoded: The Science Behind Why We Buy[M]. New York: John Wiley & Sons, 2013.

[3] Eyal, Nir. Hooked[M]. London: Portfolio Penguin, 2014

[4] Fader, Peter. Customer Centricity[M]. Philadephia: Wharton Digital Press, 2012.

[5] Godin, Seth. This Is Marketing[M]. London: Penguin Business, 2018.

[6] Keller, Lane Kevin., and Vanitha Swaminathan. Strategic Brand Management: Building, Measuring, and Managing Brand Equity[M]. New Jersey: Pearson, 2019.

[7] Kotler, Philip., and Gary Armstrong. Principles of Marketing[M]. the 18th Edition,. New Jersey: Pearson, 2020.

[8] Kotler, Philip., and Kevin Lane Keller. Marketing Management[M]. the 15th Edition. New Jersey: Pearson, 2016.

[9] Kotabe, Masaaki., and Kristiaan Helsen. Global Marketing Management[M]. the 8th Edition. New York: John Wiley and Sons, 2021.

[10] Norman, Donald A. Emotional Design[M]. New York: Basic Books, 2004.

[11] Sharp, Byron. How Brands Grow[M]. Oxford: Oxford University Press, 2010.

[12] 包政 . 营销的本质 [M]. 北京：机械工业出版社，2019.

[13] 柏唯良 . 细节营销 [M]. 北京：机械工业出版社，2009.

[14] 王泽蕴 . 不做无效的营销 [M]. 北京：中国友谊出版公司，2017.

[15] 于勇毅 . 大数据营销 [M]. 北京：电子工业出版社，2017.

[16] 郑毓煌 . 营销：人人都需要的一门课 [M]. 北京：机械工业出版社，2016.

[17] 郑毓煌，苏丹 . 理性的非理性 [M]. 北京：中信出版集团，2016.

致谢

这本书的出版是很多人共同努力的结果。

首先，要感谢馒头商学院的王欣女士和汤嘉女士。正是在她们的鼓励和支持下，我开始了这本书的写作。在写作过程中，秦莹女士提供了大量的反馈建议，为书稿的顺利完成做出了显著的贡献。在这本书的策划阶段，馒头商学院的赵慧君女士也提供了非常有益的帮助。在此，向秦女士和赵女士表达诚挚的谢意。

清华大学出版社的编辑朱晓瑞先生也为这本书的顺利出版付出了很多努力。他在我修改书稿的过程中，不断给我提供很有价值的修改建议，让这本书的呈现方式更加合理和完善。而且，他还仔细阅读并编辑了书稿，确保不出现文字错误等问题。另外，还要感谢清华大学出版社的宋冬雪女士，她对我最初选择出版社的决定起到了关键的作用。中欧出版集团的吕颜冰女士在本书图表的制作上，给我提供了很多建议和帮助，在此也表示衷心感谢。

我还要感谢我的妻子刘娅女士。她在我写作的过程中，负担起了家里的绝大部分事务，让我能够安心工作。在书稿校对阶段，她也利用零碎时间，逐字逐句地阅读并校对书稿，帮我节省了大量时间。没有她的全力支持和付出，这本书无法这么快顺利问世。

最后，我还想感谢这些年教过的学生们。正是他们对知识的兴趣和对解决问题的热情，激励着我不断地学习和思考市场营销领域的各个课题。可以说，他们才是我的老师。我在此对他们一并表示感谢。